Nützlich - ergötzliches

*Jahrbuch der*

# GARTENLUST

Nützlich - ergötzliches

*Jahrbuch der*

# GARTEN LUST

Von Julia Jones, Barbara Deer
und Heinz Siedler

Gerstenberg Verlag

# Für Brian und für Vater und Mutter

Die Deutsche Bibliothek – CIP-Einheitsaufnahme

**Nützlich-ergötzliches Jahrbuch der Gartenlust /**
von Julia Jones, Barbara Deer und Heinz Siedler.
[Die dt.-sprachige Ausg. wurde hrsg., bearb. und übers. von
Heinz Siedler]. – Sonderausg., 1. Aufl. – Hildesheim: Gerstenberg, 1995
Einheitssacht.: The national trust calendar of garden lore <dt.>
ISBN 3-8067-2082-7
NE: Jones, Julia; Deer, Barbara; Siedler, Heinz; Jahrbuch der
Gartenlust; Gartenlust; EST


Ein Dorling Kindersley Buch
Originaltitel: The National Trust Calendar of Garden Lore
Copyright © 1989 Dorling Kindersley Ltd., London
Text Copyright © 1989 Julia Jones
Illustrationen Copyright © 1989 Barbara Deer

Die deutschsprachige Ausgabe wurde herausgegeben, bearbeitet
und übersetzt von Heinz Siedler.
Deutsche Ausgabe Copyright © 1991, 1995 Gerstenberg Verlag, Hildesheim.
Alle Rechte vorbehalten, auch die der auszugsweisen
Vervielfältigung, gleich durch welche Medien.
Printed in Spain by Graficromo S. A.
ISBN 3-8067-2082-7

6    5    4                97    98    99

# Inhalt

# VORWORT

Von Generation zu Generation hat der Garten Arm und Reich mit Nahrung, Heilkräutern und Blumen versorgt. Er spielte eine so wichtige Rolle im Leben unserer Vorfahren, daß eine Fülle von Brauchtum, von Erfahrungsweisheit und Aberglauben entstand, und zwar unterschiedlich in den deutschsprachigen Ländern: von den Küsten bis zu den Alpen, vom Rhein bis zur Oder; unterschiedlich aber auch in den einzelnen Mundarten: vom Plattdeutschen über das Sächsische und Hessische bis zum Bayerischen, Österreichischen und zum Schwyzerdütsch.

Jeder der beliebten Gartenpflanzen wurden besondere Fähigkeiten zugeschrieben: Rosmarin kurierte Trunkenheit, Borretsch erzeugte Mut; bestimmte Blattformen oder aber der Ruf eines Vogels brachten Reichtum, ließen auf baldige Heirat hoffen oder kündigten Unheil an. Mangels eines Wetterberichts suchte der Gartenbesitzer bei Tieren und Pflanzen nach Anzeichen, die seiner Meinung nach auf die zu erwartende Witterung hinwiesen, und richtete seinen Arbeitstag entsprechend ein: So verkürzten Spinnen ihr Netz, wenn Regen nahte, und dünne Zwiebelschalen ließen einen milden Winter erwarten. Verläßliche und trügerische Zeichen der Natur gibt es noch heute; man muß nur lernen, sie sorgfältig zu beobachten und richtig zu deuten. Wir hoffen, daß unser „Nützlich-ergötzliches Jahrbuch der Gartenlust" interessante und amüsante Einblicke in das Gartenjahr unserer Vorfahren vermittelt.

Julia Jones
Barbara Deer
Heinz Siedler

# MÄRZ

*Stehe auf und komm her!*
*Denn siehe, der Winter ist vergangen,*
*der Regen ist weg und dahin;*
*die Blumen sind hervorgekommen im Lande,*
*der Lenz ist herbeigekommen,*
*und die Turteltaube*
*läßt sich hören in unserm Lande.*

DAS HOHELIED SALOMOS
(IN DER ÜBERSETZUNG MARTIN LUTHERS)

*Narzissen dulden keine*
*Nachbarn in der Vase,*
*sie sondern giftige Säfte ab.*

# Frühlingsblumen

## Sehnlichst erwartet: die Osterglocken

Diese Frühlingskünder gehören zu den Amaryllisgewächsen. Jeder kennt sie von jung auf und liebt ihr strahlendes Gelb auf der Rabatte oder zwischen den Sträuchern im Vorgarten. Botanisch gesehen handelt es sich um gelbe Narzissen. Schon die Perser, Griechen und Römer schätzten ihren Duft und vor allem die Heilwirkung der Zwiebeln.

Als Arzneipflanze gelangte die Narzisse denn auch um 1560 in deutsche Apotheken und stellte ihre Zwiebeln in den Dienst der Volksmedizin: Bei Geschwüren und Verbrennungen sowie als Brechmittel tat ein Sud aus den Bulben die erwarteten Wunder. Die Pflanze hieß jetzt „Narzissenröselin" und wurde als solche zum erstenmal im Gebetbuch Albrechts V. von Bayern abgebildet. Etwa zur gleichen Zeit begann man Narzissen zu züchten und als Gartenpflanzen zu kultivieren.

Übrigens hat man dieser leuchtenden Schönheit unter den Frühlingspflanzen auch eine etwas düstere Rolle zugedacht: Sie soll den Blütenteppich in den elysäischen Gefilden der Toten gebildet haben. Vielleicht ist das der Grund, weshalb die Osterglocken so oft als Grabschmuck verwendet werden.

*Osterglöckchen
in gelben Röckchen,
in Mäntelchen grün,
woll'n jetzo erblühn.*

9

# ℐm Blumengarten

DIE WILDAURIKEL der Alpen und des Apennins wird bald goldgelb blühen. Die uns geläufigen Hybridenfarben von Rosa und Lilarosa bis Purpurblau entstanden erst am Ende des Mittelalters. Damals benutzte man die Pflanze gegen Kopfschmerzen.

DIE GARTENPRIMEL oder Hohe Schlüsselblume ist eine Kreuzung zwischen der Duftenden und der Schaftlosen Schlüsselblume. Ihre Ahnen und Verwandten bewohnen mittlere bis hohe Bergregionen von Europa über Indien bis Ostasien.

Vorsicht beim Berühren von chinesischen und japanischen Primelarten! Deren Drüsenhaarsekrete können die sogenannte Primelkrankheit an Händen und Gesicht hervorrufen.

DIE FASTNACHTSSCHNEEROSE der Monate März und April ist eine enge Verwandte der bekannten weißen Christrose und gehört wie diese zu den giftigen Pflanzen. Ihre Sämlinge blühen in einem breiten Farbspektrum von Grün und Weiß bis Purpurrot und Rosa. Im Mittelalter schrieb man den schwarzen Wurzeln magische Kräfte zu.

BLUMENSAMEN
Fingerhut
(Digitalis purpurea)

DAS VEILCHEN spielte nicht nur in der Botanik und im Kräuterwesen, sondern auch in der Politik eine Rolle. Seit 1000 v. Chr. war es das Stadtsymbol von Athen, und als Lieblingsblume der Kaiserin Josephine avancierte es zum Emblem der Bonapartisten, nachdem Napoleon nach Elba verbannt worden war; von dort aus pflegte er unter dem Decknamen *Caporal Violette* (Korporal Veilchen) Kontakt mit seinen Getreuen.

In der Volksmedizin galt das Veilchen als Einschlafmittel. „Man stelle eine wäßrige Lösung her und bade abends die Füße bis zu den Knöcheln darin", riet der Botaniker Anthony Ascham. „Wer dann nicht rasch einschläft, dem ist nicht zu helfen." Jahrhundertelang hat man die Blüten kandiert und zum Verzieren von Kuchen benutzt beziehungsweise als Konfekt gegessen.

*Süßeren Duft
als alle Düfte der Welt
verbreitet das Veilchen,
die liebliche Blume.*

SIR FRANCIS BACON
1600

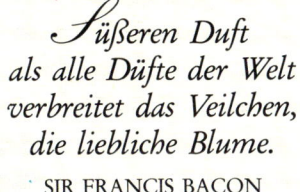

*In Veilchenstengeln wohnen
Flöhe, so heißt es.
Drum pflückt man
die Blumen mancherorts
nicht für die Vase.*

## KANDIERTE VEILCHEN

Zutaten:
Ein großer Strauß Veilchen,
500 g Puderzucker,
1 Tasse Wasser

Stiele von den Blütenköpfen entfernen. Blüten sorgfältig waschen und mit einem Papierhandtuch trocknen. Puderzucker und Wasser in eine Kasserolle geben und bei mittlerer Hitze zum Kochen bringen. Bei ca. 120° C eine Minute kochen. Leicht abkühlen lassen und Blütenköpfe nacheinander hineingeben. Eine weitere Minute kochen. Die Veilchen mit einem Abtropflöffel vorsichtig herausholen und auf einer Folie abkühlen lassen. Mindestens einmal wenden. In einer Büchse luftdicht aufbewahren.

# Im Gemüsegarten

## Schneckenfrei ohne Gift

Eine bewährte Methode besteht darin, Kohlblätter auf dem Herd zu erwärmen, bis sie weich sind, und dann tropfnaß zwischen das Gemüse zu legen. Schnecken fühlen sich unwiderstehlich davon angezogen und können abgesammelt werden.

Man kann auch Untertassen mit Bier im Gemüsegarten verteilen. Die Schnecken klettern nachts hinauf, um zu trinken, und finden den Weg nicht mehr zurück.

In Irland suchen junge Mädchen den Garten nach Schnecken ab. Ist die erste, die sie finden, weißlich gefärbt, dann ist der zukünftige Bräutigam blond; ist die Schnecke schwarz, dann hat er dunkles Haar.

## Wie man Maulwürfe vergrämt

Entkorkte Flaschen, im Abstand von zwei Metern entlang den Maulwurfsgängen aufgestellt, vertreiben die Wühler, da diese die in den Flaschenhälsen entstehenden Windgeräusche nicht mögen.

Maulwürfe sind auch verstimmt, wenn man Knoblauchzehen oder Zwiebeln tief in ihre Gänge hineinsteckt.

## Pflanztermine

Von alters her werden im März die frostharten Gemüse wie Rosenkohl, Pastinakwurzeln, Porree und Karotten gepflanzt. Das Wachstum förderte man früher, indem man vorher in das Pflanzloch spuckte.

Wollte man viele Kartoffeln ernten, dann legte man sie in einer stürmischen Nacht.

*Rainfarn, entblättert und getrocknet, vertreibt die Insekten absolut sicher aus dem Haus und ist noch attraktiv dazu.*

*Die Schnecken, wohl gedörrt, samt ihren Deckelein, in einem Wermuth morgens und abends zu drey Messer-Spitzen-voll eingenommen ist ein bewährt Mittel wider die Wassersucht und den Gries.*

HOHBERG, ADELICHES LAND- UND FELDLEBEN, 1695

DER RETTICH wird seit alters her hochgeschätzt. Im Tempel von Delphi sollen sogar Rettichnachbildungen aus Gold gehangen haben. Die Ägypter nahmen der Überlieferung zufolge ungeheuere Mengen von diesem Gemüse wie auch von Knoblauch und Zwiebeln zu sich. Botaniker empfahlen im Mittelalter Rettich gegen Nierensteine und Fehlfunktionen der Harnblase.

Junge, knackige Rettiche schmecken am besten mit etwas guter Butter und einer Prise Meersalz.

DER SPINAT stammt aus Persien. Die Araber sollen ihn dort entdeckt und mit nach Spanien genommen haben. Von dort breitete er sich nach Nordeuropa aus.

Dieses Gemüse ist reich an Vitaminen und Mineralien und gilt als das wertvollste Grünkraut überhaupt, wenngleich es einen hohen Anteil an Oxalsäure enthält und daher nicht in zu großen Mengen gegessen werden sollte.

*Bei abnehmendem Mond gezogen, heilt Rettich Hühneraugen und Warzen ...*

GEMÜSESAMEN
Zwergbohne
(Phaseolus nanus)

DIE TRAUBENZYAZINTHE spielt in der Mythologie eine besondere Rolle. So entbrannte der Sonnengott Apoll in Liebe zu dem schönen Hyazinth, der auch vom Windgott Zephyros geliebt wurde. Eines Tages beobachtete Zephyros eifersüchtig Apoll und Hyazinth beim Diskuswerfen und lenkte Apolls Wurfscheibe von der Bahn ab, so daß sie Hyazinth traf und auf der Stelle tötete. Der untröstliche Sonnengott formte eine Hyazinthenblüte aus dem Blut seines Lieblings. Noch heute behaupten die Griechen, daß die Blütenblätter der Wildhyazinthen in ihrem Lande mit der griechischen Silbe „ai, ai" gezeichnet seien, was „Weh! O Weh!" bedeutet.

In der Vergangenheit benutzten Chorleiter einen Extrakt aus den Bulben der Traubenhyazinthe dazu, den Stimmbruch bei Knaben zu verhindern. Die Wissenschaft kann allerdings keinen Beweis für die beabsichtigte Wirkung erbringen. Fest steht nur, daß die Bulben in frischem Zustand giftig sind und daß sie einen klebrigen Saft ausscheiden, der im 16. Jahrhundert zum Stärken der Halskrausen an Festgewändern verwendet wurde.

*Der Frühling uns erneut,*
*Der Sommer uns erfreut,*
*Der Herbst wird uns geben,*
*Im Winter gut zu leben.*
MARK BRANDENBURG

*Ein Blatt bringt Ruhm ohne Reue,*
*Ein Blatt gut' Gold und gut' Freund,*
*Ein Blatt bringt Liebe und Treue,*
*Ein Blatt Gesundheit, stets neue:*
*Vier Blatt im Glücksklee vereint!*

*Beim Teilen alter Schneeglöckchenhorste muß man jede einzelne Blume davon überzeugen, daß das Umpflanzen zu ihrem Besten ist, sonst wächst sie nicht an ...*

*Wenn Regen naht, klappt der Sauerklee die Blätter zusammen.*

*Knochen, Asche, Haar düngen hundert Jahr.*

# Kalendertage im März

*12. März*
## St. Gregoriustag
Am Gregorstag schwimmt das Eis ins Meer.

*17. März*
## St. Gertrudistag

*Baumblüte im März
friert oft bis ins Herz*

Im Mittelalter ist Gertrud die Schutzheilige der Reisenden und der Herbergen, denn der Legende nach bietet sie den abgeschiedenen Seelen in der ersten Nacht Unterkunft. Schon früh ist sie auch die Patronin der Gärtner, da sie den Frühling ankündigt. Eine Nürnberger Polizeiverordnung aus dem 15. Jahrhundert verlangt, „daß hinfür ein jeder seinen Garten, Päume und Hecken alle Jahr vor Sankt Gertrauten Tag rappen oder rappen lassen soll" (= von Raupen befreien).

*Sankt Gertrud
macht die Erde
von unten auf.*
FRÄNKISCHE
LOSTAGSREGEL

*Die Schwaben sagen, sie „gehn z'Garte", wenn sie einen Besuch machen; die Bayern sagen, sie „gehn in den Heimgart'n", und die Thüringer, sie „gehn in den Kosegarten", wenn sie zum Plaudern zusammenkommen.*

# BLUMEN-OSTEREIER

## Zutaten:

6 weiße Eier (braune sind ungeeignet), verschiedene Lebensmittelfarben, 150 ml Malzessig, etwas zusätzliches Eiweiß, kleine, flache Blüten und Blätter, möglichst feine Baumwoll- bzw. Musselinreste, dünner Faden

Die Eier in eine Kasserolle mit kaltem Wasser geben, langsam erhitzen und 20 Minuten sieden.

5 Minuten in kaltes Wasser legen, dann sorgfältig abtrocknen.

20 Tropfen Lebensmittelfarbe und 2 Teelöffel Malzessig in 300 ml kochendes Wasser rühren. So viele Farblösungen wie gewünscht herstellen. Die Eier in die Lösungen tauchen, bis sie schwach, aber gleichmäßig gefärbt sind, dann mit einem Abtropflöffel herausholen und in einer Eierpackung trocknen lassen. Mit dem zusätzlichen Eiweiß kleine, flache Blüten und Blätter auf die Eier kleben, diese dann vorsichtig, aber fest in feinen Baumwollstoff oder Musselin wickeln und mit dünnem Faden befestigen.

Jedes Ei in eine andere Farblösung tauchen, bis der gewünschte Sättigungsgrad erreicht ist. Mit einem Abtropflöffel herausholen und in einer Eierpackung trocknen lassen. Den Stoff samt den Blüten und Blättern entfernen und jedes Ei mit etwas Speiseöl oder Butter polieren.

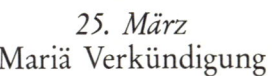

### 25. März
### Mariä Verkündigung

Dieser Tag erinnert an den Besuch des Engels Gabriel bei Maria und die Ankündigung der Geburt Christi. So lag im Volksbrauchtum die Übertragung dieses Tages auf das „Fest des Frühlings" nahe.

Im alten Bayern wurde der Viehsegen erteilt, und die Landbewohner öffneten einladend ihre Fenster, wenn die gerade zurückgekehrten Schwalben durch die Lüfte flatterten; denn wo Schwalben nisteten, glaubte man sich vor Blitzschlag sicher.

*Mariä Verkündigung*
*chehrt si jedes Gresli um.*
BASELLAND, SCHWEIZ

### Palmsonntag

Eifrige Gärtner fühlten sich früher gut beraten, wenn sie an diesem Tag die Kirche fegten und den Staub in ihrem Garten verstreuten, um den Boden fruchtbar zu machen. Auch als Tag zum Säen und Pflanzen fanden sie den Palmsonntag günstig.

### Karfreitag

Der Tag von Jesu Kreuzigung ist der höchste Feiertag der Christenheit. Blumen und Pflanzen waren aus den Kirchen verbannt; nur ein Eibenzweig als Zeichen der Trauer war gestattet.

Wegen der unheilvollen Stimmung hütete man sich, an diesem Tag die Bienenkörbe umzustellen.

*Gibt's Reif am Karfreitag,*
*ist's noch vierzig Tag' kalt*

### Ostersonntag

Das Osterfest fällt auf den Sonntag nach dem ersten Vollmond nach Frühlingsanfang.

Eine Pflanze, die mit der Auferstehung Christi in Verbindung gebracht wird, ist der Lorbeerbaum, da er sich aus den Wurzeln neu entwickeln kann, wenn man ihn schon als abgestorben aufgegeben hat.

*Die Bäume stehen voller Laub,*
*Das Erdreich decket seinen Staub*
*Mit einem grünen Kleide.*
*Narzissen und die Tulipan,*
*Die ziehen sich viel schöner an*
*Als Salomonis Seide.*
PAUL GERHARDT
(1607 – 1676)

# APRIL

*Das ist die Drossel, die da schlägt,*
*Der Frühling, der mein Herz bewegt;*
*Ich fühle, die sich hold bezeigen,*
*Die Geister aus der Erde steigen.*
*Das Leben fließet wie ein Traum —*
*Mir ist wie Blume, Blatt und Baum.*

THEODOR STORM
(1817 – 1888)

*Ward ein Blümchen mir geschenket,*
*Hab's gepflanzt und hab's getränket,*
*Vöglein, kommt und gebet acht!*
*Gelt, ich hab es recht gemacht.*

HOFFMANN VON FALLERSLEBEN
(1798 – 1874)

# Auf Rasen und Rabatten
## Das Gänseblümchen

Vor fast 2000 Jahren nannte der Römer Plinius das Gänseblümchen oder Maßliebchen „bellus", das heißt: hübsch, sehr schön. Seitdem trägt dieses Symbol der Treue und Unschuld die botanische Bezeichnung *Bellis perennis*. Im Deutschen hat man der Pflanze, die jede Unbill von Frost und Schnee überdauert (*perennis* = winterhart, ausdauernd), über 100 Namen gegeben, darunter Marienblümchen, Tausendschönchen, Herzblümchen, Sommerthierchen.

Der Frankfurter Stadtarzt Lonitzer schrieb 1557 in seinem Kräuterbuch: „Massliebchen seind holdselig gestirnte Blümlin. Sie empfahen ihren unterscheidt der Farben mehr von fleißigem pflanzen dann von Natur. Bringt Blümlin fast durchs gantze Jahr."

Die Frühlingsmargerite wird oft als „großes Maßlieb" bezeichnet.

*Der Frühling ist da,
wenn dein Fuß
auf drei Gänseblümchen
treten kann.*

DIE GEMSWURZ (*Doronicum*) ist in Mitteleuropa beheimatet. Bereits die römischen Legionäre schätzten die in ihr schlummernden Kräfte und nahmen sie in entlegene Garnisonen des Weltreichs, wie zum Beispiel nach Britannien, mit. Einige Tropfen Gemswurztinktur in einer Schüssel mit heißem Wasser ergeben nämlich ein erfrischendes Fußbad. Im Mittelalter stellte man eine Mischung aus den sehr giftigen Wurzeln und bestimmten Ködern her, um Ungeziefer zu vertilgen.

Auf der Rabatte macht die Gemswurz einen nachhaltigen Eindruck. Besonders schön ist die vollgefüllte, goldgelb blühende Varietät „Frühlingspracht".

DIE AUBRIETIEN (Blaukissen) sind nach dem französischen Botaniker Aubriet benannt, der sie als erster auf dem Peloponnes bestaunte und beschrieb. Inzwischen gehören sie zu den bekanntesten Polsterstauden des Steingartens. Sie blühen frühzeitig in vielen Blau- und Rottönen und ziehen Zitronenfalter an.

*Das Salomonssiegel gilt*
*als der „Ehegatte"*
*des Maiglöckchens.*
*Beide zusammen wirken*
*im Garten sehr harmonisch.*

*Unter lustigen Gewinden,*
*In geschmückter Lauben Bucht,*
*Alles ist zugleich zu finden:*
*Knospe, Blätter, Blume, Frucht.*
JOHANN WOLFGANG V. GOETHE
(1749 – 1832)

*Tulpen halten sich in der Vase*
*länger frisch, wenn man sie zunächst*
*in Zeitungspapier einschlägt und eini-*
*ge Stunden bis zum Blütenansatz in*
*Wasser stellt.*

*Willst du die Früchte genießen,*
*darfst du die Blüten nicht pflücken.*

DAS SALOMONSSIEGEL ist eine besonders schöne und elegante Pflanze für den Garten mit Wildnischarakter. Trennt man den Stengel an einer der sichtbaren Markierungsstellen durch, dann soll die Schnittstelle wie das Siegel des Königs Salomo aussehen.

Im Mittelalter heilte eine Essenz blaue Stellen eines „halsstarrig Weib daß bekantschafft mit ihres Eh'gespons harter faußt" gemacht hatte. Italienische Hofdamen hielten ihren Teint mit einem Destillat aus den hübschen grünlichweißen Blüten pickelfrei und jugendfrisch.

„DIE ANEMONE wird", so schreibt der schweizerische Naturforscher Konrad Gessner bereits 1542 in seinem *Catalogus plantarum* „auf Grund der Form und der Farbe gelobt, nicht ihres Geruches wegen." Der ersten Frühlingsblume schrieben die Kräuterkenner besondere Heilkräfte zu. Kranken befestigte man zum Beispiel Blüten in einem scharlachroten Tuch am Arm und psalmodierte dazu: „Gepflückt zum Vertreiben der Krankheit."

DIE TULPE kam in der Mitte des 16. Jahrhunderts aus der Türkei nach Westeuropa. In Holland entwickelte sich bald ein Wettrennen der Züchter um immer auffallendere Varietäten und Färbungen. Die Preise stiegen in schwindelerregende Höhen.

Tulpen sollten alle zwei Jahre nach dem Abtrocknen des Laubs hochgenommen und verpflanzt werden, sonst erkranken sie an dem sogenannten „Tulpenfeuer" und bereiten keine Freude mehr.

# Frösche und Kröten

Ein ruhig gelegener Teich ist der ideale Laichplatz für Frösche, Kröten und Molche. Überhängende Zweige und eine sanft geneigte Uferstelle erleichtern jungen Fröschen das Verlassen des Wassers. Ein paar Steine oder Felsbrocken kommen den Tieren beim Überwintern sehr gelegen.

Die männlichen Frösche und Kröten veranstalten lautstarke Konzerte, um die Weibchen anzulocken. Jedes Jahr kehren sie zu ihrem angestammten Teich zurück, auch wenn er inzwischen zugeschüttet sein sollte.

Frösche vertilgen als Dank dem gastfreundlichen Gartenbesitzer während der Nacht Schnecken aller Art und andere Schädlinge.

## KUCKUCK! KUCKUCK!

„Der Kuckuk hat die Art und Natur, daß er der Grasmücke ihre Eier aussäuft und legt seine Eier dargegen ins Nest. Die jungen Kuckuk werden aufsätzig und zuletzt fressen sie ihre Mutter, die Grasmücke."

LUTHERS TISCHREDEN

Wer den Kuckuck stehend am 28. April zum erstenmal hört, wird sehr reich; liegt er aber im Bett, dann stirbt jemand aus der Familie vor Jahresende ...

In Kärnten und der Schweiz ruft der Vogel „guggu!", in Bayern „gugku!", am Rhein „cocock!" und in Schleswig-Holstein „Kukuut!"

## UNKRAUT

Im 18. Jahrhundert betrachtete man die Unkräuter beziehungsweise Wildkräuter als „nicht verwertbaren Überfluß", der auf Gottes Geheiß zurückging und als Strafe für die Sünden Adams gedacht war. Wer das Unkraut bis zum letzten Blatt jätete, galt als gottloser Mensch, der sich gegen den Schöpfer auflehnte.

# Falter mit vielen Namen

Nur die Sachsen und Thüringer wußten früher, was mit dem Wort „Schmetterling" gemeint war. Südlich von ihnen sagte man Maienvogel, Sommervogel und Raupenscheißer, während Butterfliege und Schmantlecker im Norden die üblichen Bezeichnungen waren. In allen Himmelsgegenden aber sind die Schmetterlinge auf Nektar versessen. Admiral, Fuchs und Weißling bevorzugen den Schmetterlingsstrauch (*Buddleia*), Goldlack, Nachtviolen, Katzenminze, Lavendel und Eiskraut.

Die Raupen sind weniger willkommen als ihre farbenprächtigen Vorläufer. Sie fressen besonders gern die jungen Blätter von Klee, Liguster und Ginster, Kohl, Himbeerstrauch, Schlehdorn, Rotbuche und Weide.

*Man wird mit großem Rechte können*
*Sie fliegende lebendge Blumen nennen.*
BARTHOLD HINRICH BROCKES,
ÜBER SCHMETTERLINGE
1744

# Kalendertage im April

### 1. April
### Das Aprilschicken

In Deutschland ist diese allerorts beliebte Sitte seit 1618 bezeugt. Auch in anderen Teilen Europas und sogar in Amerika schickt man Nichtsahnende aus, um zum Beispiel Hühnerzähne zu sammeln, gestreifte Farbe oder Taubenmilch einzukaufen.

Es gibt eine Reihe von Erklärungen für solche Aprilscherze. Die einen führen die Sitte auf das vergebliche Ausschicken des Raben aus Noahs Arche zurück; andere bringen sie mit dem Herumschicken Christi „von Pontius zu Pilatus" in Verbindung; für wieder andere ist der 1. April als Geburts- und Sterbetag des Judas wie auch als Tag des Engelsturzes ein Tag des Unglücks.

*April hat sin egen Will.*
(NORDDEUTSCH)

*14. April*
## St. Tiburtiustag
Die Zugvögel kehren aus dem Süden zurück.

*Tiburtius kommt mit Sang und Schall,
bringt Kuckuck mit und Nachtigall.*

*23. April*
## St. Georgstag
Der römische Offizier Georg starb im Jahre 303 als christlicher Märtyrer in Rom. Der Legende nach war er ein Drachentöter.

Die Kreuzfahrer und verschiedene Ritterorden erkoren ihn zu ihrem Patron. Damit hängen die oberbayerischen Georgiritte und der Brauch des Pferdesegens zusammen, der seit 1762 belegt ist.

Dieser Tag gehörte zu den bedeutenden „Lostagen" der Gärtner und Bauern, die das gerade herrschende Wetter für einen längeren Zeitraum bestimmten.

*Grünt die Eiche vor der Esche,
gibt's im Sommer große Wäsche.
Grünt die Esche vor der Eiche,
gibt's im Sommer lange Bleiche.*

*Wenn am Georgstag die Sonne scheint,
gibt's viele Äpfel.*

*Wie die Pflanzen zu wachsen belieben,
Darin wird jeder Gärtner sich üben;
Wo aber des Menschen Wachstum ruht,
Dazu jeder selbst das Beste tut.*

JOHANN WOLFGANG V. GOETHE
(1749 – 1832)

*St. Georg und St. Marx (25. 4.),
die bringen offt viel args.*

CHUR, SCHWEIZ

*An Sankt Georg kommen Frosch und Storch.*

# *I*m Gemüsegarten
## *Überlieferte Gebräuche und Regeln*

In der Antike glaubte man, daß der Saft in den Pflanzen mit den Mondphasen steigt und fällt, und in der Tat hat die Wissenschaft bewiesen, daß nicht nur die Gezeitenbewegung im Meer, sondern auch der gesamte Wasserkreislauf der Natur vom Mondrhythmus bestimmt wird. Drum: ob man nun den überlieferten Bauernregeln glaubt oder nicht, es ist wohl sinnvoll, bei zunehmendem Mond zu pflanzen.

Nach uralter Sitte entledigten sich die Gärtner ihrer Hosen und setzten sich vor der Aussaat auf den Acker, um die Bodentemperatur zu prüfen. Wenn es zu kalt für den nackten Körperteil war, dann war es auch zu kalt für die Samen. Viele alte Gartenbücher enthalten den Rat, nur unbekleidet zu säen. Wahrscheinlich handelt es sich um ein Relikt aus prähistorischen Fruchtbarkeitsriten.

Für eine Frau bedeutete es ein böses Omen, wenn sie „zu viel" Salat im Garten gepflanzt hatte: War sie unverheiratet, dann würde ihr nie ein Freier über den Weg laufen; war sie verheiratet, aber kinderlos, dann würde sie nie gebären können.

*V*or Vollmond pflanze Thymian,
*Sä' Rosmarin und Majoran.*
(NORDDEUTSCH)

GRÜNKOHL pflanzt man heute nicht mehr so viel wie früher. Die Griechen und Römer hatten eine Vorliebe für dieses Gemüse, nur gelang ihnen der Anbau selten, weil das Klima zu heiß war. Im 19. Jahrhundert erlebte der Grünkohl seine hohe Zeit; für Mensch und Tier konnte gar nicht genug davon geerntet werden.

Gekrauster Grünkohl schmeckt besser als der glatte. Er muß vor dem Kochen sorgfältig unter fließendem Wasser gewaschen werden. Einige Varietäten sind als Zierpflanzen bekannt, darunter eine, deren Mitteltrieb verholzt und mancherorts als Spazierstock benutzt wird.

*Der ideale Dunghaufen:*
*Halt ihn feucht, tritt ihn feste,*
*im Schatten vom Baum,*
*auf engem Raum:*
*das ist für den Mist das beste.*
UNBEKANNTER VERFASSER

BROCCOLI hat einen Vorteil gegenüber dem Blumenkohl: Er besteht aus mehreren Köpfen, die man nacheinander ernten kann. So hat man länger Freude an diesem Gemüse. Broccoli beansprucht viel Platz im Küchengarten; daher sollte man nur Winter- und Frühlingsvarietäten pflanzen.

*Ruft der Kuckuck hinterm Haus,*
*pflanze grüne Bohnen aus.*

# MAI

*Die Luft ist blau, das Tal ist grün,*
*Die kleinen Maienglocken blühn*
*Und Schlüsselblumen drunter;*
*Der Wiesengrund*
*Ist schon so bunt*
*Und malt sich täglich bunter.*

LUDWIG CHRISTOPH HEINRICH HÖLTY
(1748 – 1776)

*Die Kinder haben die Veilchen gepflückt,*
*All, all, die da blühten am Mühlengraben.*
*Der Lenz ist da; sie wollen ihn fest*
*In ihren kleinen Fäusten haben.*

THEODOR STORM
(1817 – 1888)

# Blumen im Wonnemonat
## Das Maiglöckchen

Das Maiglöckchen hat keinen Nektar und muß sich daher durch weitleuchtendes Weiß und starken Duft „hervortun", um Insekten anzulocken. Die Menschen sind ihm dank seiner Grazie und bescheidenen Lebens-art ohnehin von Anfang an verfallen gewesen. In der Gotik wurde die Blume gemeinsam mit Lilie und Rose, Schwertlilie und Akelei der Maria zugeordnet und erscheint auf den Gemälden zu Füßen der Mutter Jesu.

Einer Legende nach ist das Maiglöckchen den Tränen entsprungen, die Maria am Kreuz vergossen hat; auch soll der Duft dieser Blume dem Menschen dazu verhelfen, sich eine bessere Welt vorzustellen.

Der Überlieferung zufolge hat man im 16. Jahrhundert ein kostbares Elixir, ein *eau d'or* (= frz., Goldwasser), gewonnen, indem man Maiglöckchen in verschlossenen Gläsern 30 Tage lang in einen Ameisenhaufen setzte. Die dadurch entstandene Flüssigkeit galt als das beste Mittel gegen Gicht und verlieh dem Patienten zudem die wertvollste Eigenschaft, nämlich den gesunden Menschenverstand, wenn er Stirn und Nacken damit betupfte.

*Bellis, Primel, Maienglocke,
Purpurklee und Thymian,
Krokus mit der goldnen Locke
Schmücken Feld- und Wiesenplan.*

GOTTFRIED AUGUST BÜRGER
1778

DAS TRÄNENDE HERZ, das wirklich so aussieht, als vergösse die herzförmige Blüte einen Tropfen Blut, stammt aus Amerika und wurde erst 1846 von dem Botaniker Robert Fortune nach Europa gebracht. Seitdem gehört es dank seiner Anmut zu den beliebtesten Rabattenpflanzen.

In der Vergangenheit verabreichte man Destillate des leicht einschläfernden Saftes bei Geschlechtskrankheiten und Menstruationsbeschwerden.

DAS SCHLEIERKRAUT, mancherorts auch Kinderatem genannt, hat exquisite Blüten, die getrocknet besonders wirkungsvoll sind. Man schneidet einen Strauß bei sonnigem Wetter und hängt ihn mit den Blüten nach unten an einem dunklen, luftigen Ort auf, bis absolut keine Feuchtigkeit mehr vorhanden ist.

DER FINGERHUT ist geradezu perfekt für die Bestäubung durch Honigbienen eingerichtet. Der vorstehende untere Teil der Blütenglocke dient als Landeplattform, und wenn das Insekt zum Nektar vordringt, streift es die Staubgefäße mit dem Rücken, so daß der Pollen dort abgeladen werden kann.

Das im Fingerhut enthaltene Gift Digitalis wird als Heilmittel bei Herzkrankheiten und Kreislaufstörungen benutzt. In England und Deutschland baut man die Pflanze eigens für medizinische Zwecke an.

Böse Feen sollen die Blüten einst den Füchsen als Handschuhe geschenkt haben, damit diese lautlos ihr Wesen in den Hühnerställen treiben konnten. Die Zeichnung der Blüten stammt daher logischerweise von den Fingerabdrücken der unglückbringenden Feen. Die moderne Ökologie deutet die Flecken als „Saftmale", die das Insekt zum Nektar führen.

*Da kommt der Lenz, der schöne Junge,*
*Den alles lieben muß,*
*Herein mit einem Freudensprunge*
*Und lächelt seinen Gruß.*

NIKOLAUS LENAU
(1802–1850)

*Die Zeichnung der Fingerhutblüte*
*soll ein untrüglicher Hinweis*
*auf die in der Pflanze enthaltenen*
*giftigen Säfte sein.*

DIE EDELGARBE oder SCHAFGARBE gehört zur Gattung *Achillea*, die nach Achill, dem Helden aus Homers *Ilias* benannt ist. Dieser soll die Wunden seiner Soldaten mit Schafgarbe verbunden und auf diese Weise Blutungen gestillt haben. Auch Wolfgang Helmhard v. Hohberg rühmt 1682 in seinem „Adelichen Land- und Feldleben" die heilkräftige Wirkung der Pflanze:

„Sie ist gut für die rothe Ruhr, und stillet allerley zu viel gehende Blutflüsse." Die moderne Forschung hat in der Tat bestätigt, daß die Schafgarbe einen Blutgerinnungsstoff enthält.

Die edelste und großblütigste Art der weißblühenden Garben ist *Achillea serbica*. Sie wird nur 15 cm hoch, remontiert im Juni und bildet wunderschöne Silberpolster im Winter.

*Kleine Blumen wie aus Glas*
*Hab ich ja so gerne;*
*Durch das dunkelgrüne Gras*
*Leuchten sie wie Sterne.*

*Rot und lila, gelb und blau,*
*Schön sind auch die weißen;*
*Trittmadam und Morgentau,*
*Wie sie alle heißen.*

VOLKSLIED

## SCHAFGARBENAUFGUSS GEGEN KAHLKÖPFIGKEIT

Zutaten:
1 Handvoll frische Schafgarbenblätter und -blüten,
300 ml kochendes Wasser

Die Blätter und Blüten in kaltem Wasser waschen. Gut abtropfen lassen und in einen großen Krug füllen. Das kochende Wasser darübergießen und das Gefäß mit einem gefalteten Handtuch abdecken. 10 bis 15 Minuten ziehen lassen. Filtern und in eine Flasche füllen. Die Kopfhaut vier- bis fünfmal pro Woche damit einreiben. (ohne Gewähr!)

*Der griechische Arzt Dioskurides – um 80 v. Chr. – rühmt die Heilkraft der Kastanienfrucht, zum Beispiel bei Durchfall. Im 19. Jahrhundert verwendete man Kastanienblätter gegen Keuchhusten.*

*Auf jeder Kaiserkrone Spitzen*
*Sieht man ein Büschel Grases sitzen.*
*Ach dächten doch die Großen dieser Erde*
*Bei dieser Blum an ihre Flüchtigkeit,*
*Und daß auch Gras nach kurzer Zeit*
*Gekrönte Häupter decken werde!*

BARTHOLD HINRICH BROCKES
1744

DIE KAISERKRONE – oder Kaysers Kron der Botaniker des 17. Jahrhunderts – erhielt den Namen nach ihren majestätischen Blüten auf bis zu einem Meter hohen Trieben. Sie soll außerdem zuerst im Garten des Kaisers von Österreich geblüht haben, nachdem sie aus ihrer persischen Heimat nach Europa gelangt war.

Der Nektartropfen in den Blüten ist der orientalischen Überlieferung zufolge gar kein Nektar, sondern die Träne einer wunderschönen Königin, die wegen angeblicher ehelicher Untreue angeklagt war. Ein Engel verwandelte die Königin in eine Blume, die so lange weint, bis das Ehepaar wieder glücklich vereint sein wird.

In der christlichen Legende verneigt sich die Kaiserkrone am Karfreitag nicht vor Christus, als dieser vorüberkommt, und muß daher in alle Ewigkeit weinen, ohne daß ihre Tränen selbst beim stärksten Sturm zur Erde fallen.

Die Zwiebel riecht unangenehm; man sagt, sie stinke wie ein Fuchsbau, daher der Name „Stinklilie" in manchen Gegenden.

Ungeachtet der traurig stimmenden Überlieferung und des Geruchs ist die Kaiserkrone eine unentbehrliche Pflanze auf der Frühlingsrabatte, wo sie viele Jahre ungestört auf demselben Platz bleiben will.

*Dein doppelt dreigeteiltes Blatt,*
*Du strahlend blaue Akelei,*
*Den Sinn von Glaube-Liebe-Hoffnung hat,*
*Der Tugend höchstes Dreierlei.*

UNBEKANNTER VERFASSER

*Wer mit Katzen ackern will,*
*der spanne die Mäus' voraus,*
*da geht es alles wie der Wind.*
JOHANN WOLFGANG V. GOETHE
(1749 – 1832)

DIE KORNBLUME gehörte früher zu den Lieblingsblumen in ländlichen Gärten. Im 16. Jahrhundert blühte sie nicht nur in dem uns heute vertrauten wunderbaren Blau, sondern auch in roten und anderen Farbtönen.

Den Bauern war sie stets ein Dorn im Auge, galt sie doch als Künderin einer schlechten Ernte. In der Tat ist die Kornblume eine „Nährstoff-Fresserin", aber am meisten plagt sie den Schnitter mit ihren zähen Stengeln. Man nannte sie daher in Süddeutschland auch „Schab-ab", denn ein Horst dieser so attraktiven Blumen konnte die schärfste Sense stumpf machen.

DIE AKELEI hat eine Blütenform, die an die Taube erinnert. Daher war sie im Mittelalter das Sinnbild des Heiligen Geistes. Im Altertum glaubte man, Löwen fräßen die Akelei im Frühling, um ihre Körperkräfte zu steigern. Botaniker nannten die Blume demzufolge *Herba Leonis*.

Im 17. Jahrhundert galt es als unschicklich, Damen einen Strauß Akeleien zu schenken, da die Pflanze mit einer gewissen Sittenlosigkeit in Verbindung gebracht wurde. Auch in der „Blumensprache" spielt die Akelei eine nicht gerade rühmliche Rolle: Sie gilt als das Symbol der Torheit, und die Blütenform soll an die Narrenkappe gemahnen.

*Der Saft*
*von gepreßten Kornblumenblüten*
*ergibt in einer Alaunlösung*
*eine schöne Wasserfarbe.*

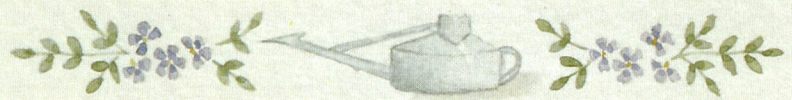

# Bäume und Sträucher

DER WEISSDORN eignet sich vorzüglich zur Anlage undurchdringlicher Hecken. Im Mittelalter hatten Weißdornblüten eine große symbolische Bedeutung: Man verband mit ihnen die Vorstellung vom Anbruch neuen Lebens und dem Beginn der Vegetationsperiode. In vielen Dörfern trug man Girlanden aus Weißdornblüten von Haus zu Haus, um jedem seinen Anteil an dem gleichsam wogenartig heranstürmenden Frühling zukommen zu lassen.

Am 1. Mai wurden die Haustüren mit Weißdorn geschmückt; man hütete sich aber, die Blüten ins Zimmer zu tragen, sonst starb nämlich ein Familienmitglied unmittelbar darauf.

In manchen Gegenden steckte man einen Weißdornzweig in das Gartenbeet des schönsten Mädchens im Dorf – augenscheinlich ein bezauberndes Relikt uralter Fruchtbarkeitsriten.

DEN GOLDREGEN findet man häufig in ländlichen Gärten. Dieser bis sechs Meter hoch werdende Zierbaum ist im Mai mit langen goldgelben Blütenrispen bedeckt.

Das dunkle Holz sieht wie poliert aus. Es wird für Qualitätsmöbel und Musikinstrumente verwendet. Der Goldregensame enthält ein tödliches Gift, das in vielen Kriminalgeschichten eine Rolle spielt.

*Ein Reis vom Narrenbaum
trägt jeder, wer es sei;
Der eine deckt es zu,
der andre trägt es frei.*
FRIEDRICH V. LOGAU, 1650

## WEISSDORNWEIN
Zutaten:
geriebene Schale von zwei gut
gewaschenen Zitronen,
Saft einer Zitrone,
4,5 l Wasser,
Weinhefe (Herstelleranweisung genau beachten),
3 x 3 mg Vitamin B 1 (Tabletten),
2,25 kg gewaschene Weißdornblüten

Gemahlene Zitronenschale, Zitronensaft und Wasser in eine Kasserolle geben und 30 Minuten kochen. In ein hitzebeständiges Gefäß gießen, auf 21° C abkühlen lassen, Hefe und Vitamintabletten zugeben. Abdecken und 24 Stunden stehen lassen. Die Weißdornblüten zugeben, dann umrühren und zudecken. Acht Tage stehen lassen und täglich gut umrühren. Am neunten Tag durch ein Sieb in einen Gärbehälter gießen und mit einem Druckluftventil verschließen. Gären lassen, bis der Wein klar ist. Abgießen und wieder in den Gärbehälter zurückfüllen. Drei Monate stehen lassen. In Flaschen füllen.

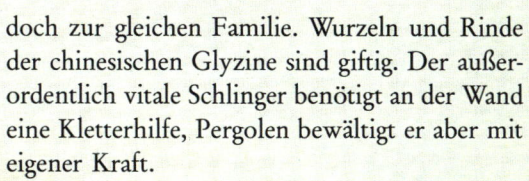

DER FLIEDER soll in Schottland entstanden sein, und zwar aus einem Samenkorn, das ein Falke in den Garten einer alten Dame fallen ließ. Der wunderschöne Strauch blühte jedoch nicht, bis eines Tages ein Prinz staunend davor stehenblieb und, ohne es zu bemerken, eine Hutfeder auf das Blattwerk fallen ließ. Von dem Tage an trug der Flieder blaue Blüten.

Aber die Geschichte geht weiter. Am Abend der Hochzeit lag eine junge Braut aus der Nachbarschaft im Sterben. Sie liebte den Flieder im Garten der alten Dame so sehr, daß sie um einen Ableger auf ihrem Grab bat. Dieser Flieder trug hinfort weiße Blüten.

Bis heute haben sich abergläubische Vorstellungen erhalten. So bringt es zum Beispiel – außer am 1. Mai – Unglück, wenn man sich weißen Flieder ansteckt; denn dann droht Ehelosigkeit.

DIE GLYZINE stammt aus China und Japan. Die stark duftenden Blüten ähneln denen des Goldregens – kein Wunder, gehört die Pflanze doch zur gleichen Familie. Wurzeln und Rinde der chinesischen Glyzine sind giftig. Der außerordentlich vitale Schlinger benötigt an der Wand eine Kletterhilfe, Pergolen bewältigt er aber mit eigener Kraft.

*Es ruht sich süß,*
*wenn Maienkäfer schnurren*
*und holden Schlummersang*
*die Gartenbienen surren.*

ALMANACH DER MUSEN UND GRAZIEN
1802

# Kalendertage im Mai

### 1. Mai

Der Brauch, einen Maibaum aufzustellen, stammt aus Bayern und Niederösterreich. Dazu gehört das Schlagen einer Birke im Wald, ihre Entrindung, das Schmücken, Aufstellen und Bewachen, sowie die spielerische Entwendung und die Auslösung mit Freibier.

### Zweiter Sonntag im Mai
### Muttertag

Ursprünglich handelte es sich um einen von der Kirche eingerichteten Festtag, an dem jeder die „Mutterkirche", d. h. die Kathedrale der Diözese, besuchte. Im 17. Jahrhundert wurde der Tag säkularisiert und galt von da an als eine Familienfeier zu Ehren der Mutter. Das traditionelle Geschenk ist ein Blumenstrauß. Junge Mädchen, die

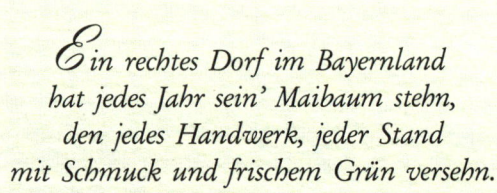

sich bei Landadligen oder Bauern verdingt hatten, erhielten frei, um ihre Mütter zu besuchen, und pflückten auf dem Gang zur Familie Frühlingsmargeriten und Kornblumen am Wegesrand.

*Reife Erdbeeren zu Pfingsten
lassen ein gutes Weinjahr erhoffen.*

MOSELTAL

### 12. – 14. Mai
### Eisheilige

St. Pankratius, St. Servatius und St. Bonifatius, die drei „Sommerwächter" früherer Zeiten, sind gestrenge Herren. Sie spotten der vielversprechenden Beinamen des Monats Mai: Blütemond, Wonnemond, Weidemond und Monat der Liebe, indem sie einen heftigen Kälteeinbruch von Norden herbeiführen. Manchmal kann es auch noch am Tag der Hl. Sofie, am 15. Mai, frostig sein. Vorsichtige Gartenfreunde schützen empfindliche Pflanzen, und Landwirte wie auch Winzer brennen noch heute Reisighaufen aus grünen Zweigen ab, um eine schützende Rauchdecke über der Anpflanzung zu erzeugen.

*Ein rechtes Dorf im Bayernland
hat jedes Jahr sein' Maibaum stehn,
den jedes Handwerk, jeder Stand
mit Schmuck und frischem Grün versehn.*

*40 Tage nach Ostern*
## Himmelfahrt

In vielen Gegenden hüteten sich die Freilandgärtner, an diesem Tag zu arbeiten, denn sie fürchteten die Strafe des Himmels in Form von schlechter und zudem noch verdorbener Ernte. Nur einige Unentwegte hielten dieses Fest für einen günstigen Termin, um Wicken zu säen, aber die Arbeit mußte vor Morgengrauen beendet sein.

*25. Mai*
## St. Urbanustag

Die Winzer veranstalteten zu Ehren ihres Patrons Bittgänge in den Weingärten. Aber auch für alle Gärtner und Bauern war der 25. Mai ein wichtiger Lostag, der das Wetter für eine bestimmte Periode entschied. So lautet eine schweizerische Bauernregel von 1508:

> Item scheint die sonn an sant Urbans
> tag, so gerat der wein wol, regnet es
> aber, so ist es schad. Item regnet
> es an dem pfingsttag, ist nit gut. Item
> im ausgang des maien so blüen die
> aychelbaum, geratet die plüe wol,
> so wirt ain gut schmaltzjar.

*Ragen Goldregenäste über Weideland,
kann das schlimme Folgen
für Schafe und Vieh haben.*

*Himmelfahrt:
Es kommt kein gut Wetter,
bevor Christus
nicht die Beine von der Erde hat.*
MITTELDEUTSCHLAND

*Eh Pankraz und Servaz vorbei,
ist nicht sicher vor Kälte der Mai;
ja, auch Sankt Urbanus (25. Mai)
ist oft noch ein Grobianus.*
NIEDERÖSTERREICH

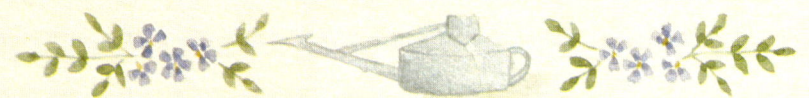

# *I*m Kräutergarten

DER GARTENMAJORAN verströmt einen lieblichen Duft, der Bienen unwiderstehlich anlockt. Den Griechen war er unter der Bezeichnung „Bergfreude" bekannt, und die Römer verschenkten Majoransträuße als Zeichen friedfertiger Gesinnung und Freundschaft.

Majorantee hilft gegen Erkältungen und Rachenschmerzen. Mit Thymian gemischt, schmeckt er besonders gut zu Tomaten.

DER GARTENTHYMIAN bildet robuste, niedrige Büsche mit winzigen Blättern. Er duftet und schmeckt würzig und erdig. In den antiken Tempeln verbrannte man ihn als Weihrauch, und römische Legionäre badeten in mit Thymian parfümiertem Wasser, um ihren Mut zu stärken. Noch im frühen 18. Jahrhundert galt Biersuppe mit Thymian als ein sicheres Mittel gegen Schüchternheit!

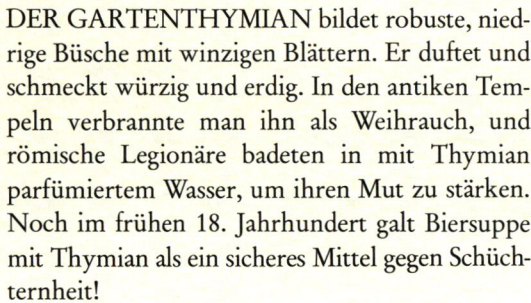

## GEWÜRZKRÄUTERMISCHUNG

Zutaten:
1 Lorbeerblatt,
2 Stengel Petersilie,
1 Stengel Thymian,
1 Stengel Majoran.
Alles bündeln und binden.
Paßt gut zu Huhn- und Fleischgerichten.

## SÜSSKRÄUTERMISCHUNG

Zutaten:
2 Stengel Kerbel,
2 Stengel Zitronenmelisse,
1 Stengel Thymian.
Kräuter bündeln und mit
einem kleinen, frischen
Zweig Engelwurz binden.
Gut in süßen Soßen für Obstsalate,
Obstteller und Pudding.

*W*er's Unkraut läßt ein Jahr lang stehn,
muß sieben Jahre jäten gehn.

# *I*m Gemüsegarten

Jetzt ist die Pflanzzeit für Rosenkohl. Rhabarber als Begleiter dieses Gemüses verhindert Kohlhernie. Zwiebeln sät man auch noch im Mai – eine Kopfdüngung mit Ruß tut ihnen gut. Bereiten Sie jetzt den Boden für eine frühe Sellerieernte vor; pflanzen Sie aber nur an einem regnerischen Tag. Der Erfolg wird Sie belohnen.

DER SPARGEL wurde bereits von den Ägyptern angebaut. Die veredelte Art kam aber erst im 15. Jahrhundert nach Deutschland und erhielt recht unterschiedliche Namen. In Bremen zum Beispiel hieß er *sparjes*, in Holstein *spars* und in Pommern *spargus*. Aus wildem Spargel, „der von sich selbst an leimichten und feuchtten Gründen, auff den Gebirgen und Felsen wechst", wie der Botaniker Matthioli 1550 vermeldete, flocht man in Süddeutschland Brautkränze, während der Edelspargel jahrhundertelang das Feingemüse des Adels war.

*Unkraut wächst auch unbegossen.*

*G*ut Kräuter von allerhand Arten,
Die wachsen im himmlischen Garten:
Gut Spargel, Fisolen
Und was wir nur wollen.
DES KNABEN WUNDERHORN
1805

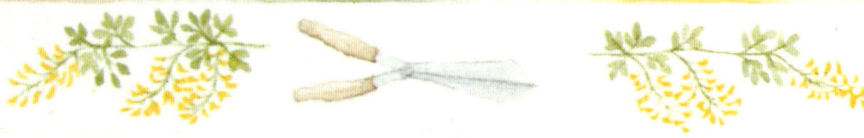

# JUNI

*Ein Blumenglöckchen vom Boden her*
*War früh gesprosset in lieblichem Flor;*
*Da kam ein Bienchen und naschte fein –*
*Die müssen wohl beide für einander sein.*

JOHANN WOLFGANG V. GOETHE
(1749 – 1832)

*Knoblauch, in die Nähe von*
*Rosenbüschen gepflanzt, wehrt*
*Blattläuse ab und beeinträchtigt*
*nicht den Rosenduft.*

*Namen sind Schall und Rauch.*
*Die Rose duftet,*
*gleich unter welchem Namen.*

WILLIAM SHAKESPEARE

(1564 – 1616)

## EIN REZEPT
## GEGEN BLATTLÄUSE

250 g guten Tabak in 4,5 l
kochendes Wasser tauchen.
Abkühlen lassen.
Befallene Rosenblätter mit
der Lösung bestreichen.
Anschließend mit klarem
Wasser abspülen.

# Strahlende Blüten
## Rosen

Seit undenklichen Zeiten ist die ROSE in Kultur. Den Griechen und Römern galt die Blume als Inbegriff alles Schönen. Siegreiche Feldherrn zogen über einen Teppich von Rosenblüten in ihre Heimatstadt ein, und Rosenkränze schmückten die Häupter berühmter Liebhaber. Noch heute gehört diese Blume unangefochten zu den Favoriten in den Gärten von Arm und Reich. Viele klassische alte Rosen sind seit einiger Zeit wieder erhältlich, beispielsweise *Rosa gallica versicolor* aus der Zeit vor 1583, das rosa-weiß gestreifte Wunder; die Bourbonrose „Souvenir de la Malmaison"

von 1843 mit den hinreißenden, gevierteilten Blüten; sowie die von Kennern hochgepriesene „Madame Hardy" von 1832, die zu den Damaszener-Rosen zählt, den wohl ältesten überhaupt. Schon 2000 v.Chr. bildeten die Kreter Blumen dieser Art im Palast von Knossos ab.

*Junkfrewlein, sol ich mit euch gan*
*in eweren rosengarten?*
*und da die roten röslein stan,*
*die feinen und die zarten.*

*In meinen garten kumst du nit*
*zu diesem morgen frü,*
*den gartenschlüssel findstu nit,*
*er leit so wol verschlossen.*

LUDWIG UHLAND
(1787 – 1862)

DIE GERANIE gehört botanisch zu einer Großfamilie mit fast unüberschaubarem Stammbaum. Die Kulturarten unserer Balkonkästen und Blumenbeete, zum Teil mit herrlich duftendem Blattwerk, sind der Inbegriff von Farbenpracht und Sonnenschein, während die Wildarten oft gedämpftere Farben zeigen und Halbschatten bevorzugen.

*Sonne, laß mein Blümchen sprießen!*
*Wolke, komm, es zu begießen!*
*Richt' empor dein Angesicht,*
*Liebes Blümchen, fürcht' dich nicht!*

HOFFMANN VON FALLERSLEBEN
(1798 – 1874)

*Zwei Wicken schenk ich;*
*gleich schweben sie leis*
*auf Flügeln sanften Errötens*
*über zartestem Weiß.*

JOHN KEATS
(1795 – 1821)

DIE WICKE ist heute eine beliebte Kletterduftpflanze. Früher diente sie vor allem als Viehfutter und zur Gründüngung. „Daz Kraut und auch sein Sam ist ein Pfärdfuoter. Wenn man die Wicken also grüen oben abschneid und man die grüenen Stupfeln umacker und laz si erfaulen in dem Acker, daz tung den Acker auz der Mazen wol", schreibt Konrad von Megenberg 1349 in seinem „Buch der Natur".

Die Wicke galt damals als etwas Geringwertiges. Noch im 19. Jahrhundert „geht man in die Wicken", wenn man sich davonmacht beziehungsweise einen Verlust erleidet.

In der PFINGSTROSE ODER PÄONIE – nach dem griechischen Arzt Paeon benannt – schlummern viele Heilkräfte, die seit dem Altertum genutzt werden. So dienten die Samen nicht nur als Küchengewürz, sondern linderten Geburtswehen, vertrieben böse Geister und kurierten, in Wein getaucht, Alpdrücken. Das Wurzelmehl der Päonie ist heutzutage ein anerkanntes krampflösendes Mittel und wird erfolgreich bei Epilepsie und Nervenschmerzen eingesetzt. Im Garten hält die Pflanze es ein Menschenleben lang an ihrem Stammplatz aus, wenn sie ungestört bleibt.

*Zum Stützen der Wicken niemals Eschenzweige nehmen; denn die Ranken könnten die Berührung mit dem magischen Holz fürchten!*

# Kalendertage im Juni

### 24. Juni
### St. Johannistag

Das Geburtsfest Johannes des Täufers wird seit 500 Jahren kurz nach der Sonnenwende begangen. Man pflückte mit geschlossenen Augen eine Handvoll Gras und wußte dann anhand der Zahl der Gänseblümchen, die darunter waren, wie viele Jahre man noch auf die Heirat warten mußte oder wie viele Kinder man zu erwarten hatte, wenn man bereits verehelicht war.

In der Johannisnacht sind viele Hexen und Feen unterwegs, daher sollte man sein Haus mit einer Girlande aus den „Kräutern des St. Johannes" schützen, nämlich Johanniskraut, Wegerich, Gelber Wucherblume, Schafgarbe und Efeu.

In dieser Nacht schneiden Wünschelrutengänger ihre Haselzweige, weil sie dann besonders wirkungsvoll sind.

Auf den Bergen in Tirol, Bayern und Baden-Württemberg sowie im Harz und im Thüringer Wald werden Sonnwendfeuer entzündet. Springt man über eines dieser Feuer, dann wird man Flöhe los, die man zu St. David bekommen hat, heißt es.

*Wenn me z Johanni (24. Juni)*
*drei Öpfel a de Bäume gseht,*
*se söll me dHurt zwäg mache,*
*denn s git vil Obst.*
BASELLAND, SCHWEIZ

*Ist's ein Siebenschläfertag mit Regen,*
*regnet's sieben Wochen allerwegen.*

### 27. Juni
### Siebenschläfer

Diesen Wetterlostag kennt jeder, sei er nun Gartenliebhaber oder nicht. Der Legende nach sind sieben als Christen verfolgte Brüder in eine Höhle geflüchtet, vor Ermüdung in einen tiefen Schlaf gefallen und eingemauert worden. Erst 200 Jahre später ist ein Bauer auf das Versteck gestoßen, hat es geöffnet und die Sieben aufgeweckt.

*Anleitung zum*

## TROCKNEN VON BLUMEN

Eine Schicht Borax gleichmäßig auf einem Backblech verteilen und vollständig trocknen lassen. Das Borax 2,5 cm hoch in einen Schuhkarton füllen, Blüten darauflegen und vorsichtig weiteres Borax darübersieben, bis jede Blüte ganz bedeckt ist. Kelchförmige Blüten vorher mit Borax füllen. Fünf Tage warm und trocken stehen lassen. Rascheln die Blüten bei behutsamem Schütteln wie Papier, Boraxreste mit einem Pinsel entfernen. Vor direkter Sonnenbestrahlung schützen. Die getrockneten Blüten halten sich gut.

Mit WALDMEISTER bereitet man seit eh und je köstliche Bowlen für sommerliche Feste. In getrocknetem Zustand verstärkt sich der Duft nach frischem Heu. Früher stopfte man Kopfkissen und Matratzen mit Waldmeister aus.

# Im Gemüsegarten

Dort kann man jetzt bei günstigem Witterungs-
verlauf die ersten Erbsen und Bohnen ernten.

ERBSEN – seien es nun Schal-, Mark- oder
Zuckererbsen – gedeihen in nahezu sämtlichen
Gegenden unseres Landes und werden von allen
Gemüsegärtnern geschätzt.

Mit dem Enthülsen der Erbsen sind manche
abergläubischen Vorstellungen verbunden: Man
hat einen Glückstag, wenn in einer Schote nur eine einzige Erbse vorhanden ist. Noch mehr
Glück steht einem unverheirateten Mädchen bevor, das eine Schote mit neun einwandfreien
Erbsen findet und diese auf den Haustürsturz
legt. Der erste Mann, der anschließend die Schwel-
le überschreitet, wird sie heiraten.

*Arbeit pflanzt Rosen
auf die Wangen.*

*Erdbeeren, Borretsch, Bohnen und
Salat, nebeneinander gepflanzt,
ergeben garantiert eine gute Ernte.*

*Erbsen und Bohnen gedeihen gut in
der Gesellschaft von Karotten, Porree
und Rüben; sie lehnen aber Zwiebeln,
Knoblauch und Schwertlilien strikt ab.*

*Der Gedanke, jeden Fleck Erde von
Menschenhänden umgewühlt zu sehen,
hat für die Phantasie jedes natürlichen
Menschen etwas grauenhaft Unheimliches.*

WILHELM RIEHL,
LAND UND LEUTE
1861

*Regenwürmer verbessern die Boden-
struktur. Sie lockern die Erde tiefer als ein
Spaten und ziehen tote Pflanzenreste
in die Gänge.*

CHARLES DARWIN, ÜBER DIE VERBESSERUNG
DER ERDE IM GEMÜSEGARTEN DURCH REGEN-
WÜRMER NEBST DER BEOBACHTUNG IHRER
LEBENSWEISE
1881

*Mäuse fressen keine Erbsen- und
Bohnensaat, die mit Paraffin
behandelt worden ist.*

*Abgeschnittene Locken oder Pferde-
haare aus alten Matratzen, in die Saat-
furchen von Bohnen gelegt, fördern
das Wachstum, heißt es.*

*Bohnen, gesät in Schlick,
werden mächtig dick.*

NORDDEUTSCHLAND

SAU- oder PUFFBOHNEN waren lange Zeit
die Hülsenfrüchte der Armen und wurden daher
von den Wohlhabenderen gemieden.

Bohnen stehen nach der Meinung vieler mit
den Toten in Verbindung, denn deren Seelen sollen in den Blüten wohnen. Dieser Aberglaube
hat in manchen Bergbaugebieten dazu geführt,
daß man die Zeit der Bohnenblüte fürchtet, da
dann Grubenunglücke geschehen könnten.

# Im Obstgarten

*Zweifelsohne hätte Gott
bessere Beeren machen können;
aber ebenso zweifelsohne
tat er es nicht.*

SAMUEL BUTLER
(1612–1680)

DIE ERDBEERE ist in Deutschland weit verbreitet, zunächst als Wildform – mit dem unvergleichlichen Aroma und Duft – im Unterholz von Wäldern und Hecken, dann auch als mehr oder weniger geglückte Kulturform. Die Kulturvarietäten entstanden vom 16. Jahrhundert an unter Beteiligung amerikanischer Arten. Bock's „Teutsche Speiskammer" vermerkt im Jahre 1580: „Die Köch seind der Erdbeern auch gewar worden, machen gute Müslin, gebüren den kranken, hitzigen Menschen mehr dann den gesunden, um der Külung willen."

Der Fruchtsaft macht verfärbte Zähne wieder weiß. Zerreibt man eine Erdbeere auf dem frisch gewaschenen Gesicht, dann wird die Haut gebleicht und Sonnenbrandflecken verschwinden.

JOHANNISBEERSTRÄUCHER blühen früh im Jahr und lenken die Aufmerksamkeit der Honigbiene auf sich – dieser hart arbeitenden Nektarsammlerin, ohne deren Tätigkeit die Blüten mancher Gartenpflanze unbestäubt blieben. Auch stark duftende Blätter und Knospen ziehen die Biene an.

Ziegen mögen besonders gerne die Blätter der Schwarzen Johannisbeere. Rote Beeren ergeben einen herrlichen Wein und köstliches Gelee.

*Was ist ein „Erdbeersturm"?
Erdbeeren mit Milch und Habermehl.*

JEREMIAS GOTTHELF
1840

*Brennesseln, neben Johannis-
beeren gepflanzt, stärken
deren Abwehrkräfte gegen Befall.*

# Nützliche Kräuter

Kräuter pflückt man jetzt an sonnigen Tagen, sobald der Tau sich verflüchtigt hat. Die Bündel werden an trockenen, luftigen Plätzen aufgehängt oder in Plastiktüten eingefroren.

BOHNENKRAUT wird wegen seiner Aromastoffe zum Würzen von weißem Fleisch, Fisch und Gemüse verwendet. Besonders gut schmeckt es zu Saubohnen, da es deren Geschmack und Verdaulichkeit verbessert. Früher benutzte man es auch als Heilkraut bei Magenbeschwerden und Fieber. Wenn die Blüten erscheinen, schneidet man die Blätter und hängt sie zum Trocknen auf.

DIE KATZENMINZE ist eine attraktive Einfassungspflanze und vorzügliche Bienenweide. Katzen wälzen sich des Duftes wegen gern darin. Früher rieben Imker mit Katzenminze die Innenseiten der Bienenkörbe ein, damit sich neue Völker rasch heimisch fühlten. Die Pflanze enthält Nepetalaktone, die zu Insektenpulver verarbeitet werden.

*Roszmarinblättlein mit Saltz auf einer Schnitten Brots gezettelt machet ein gut scharff Gesicht und vertreibet stinckenden Athem.*
TABERNAEMONTANUS, NEUW KREUTERBUCH 1588

*Salbei, auf Wespen- und Bienenstiche verrieben, lindert sofort.*

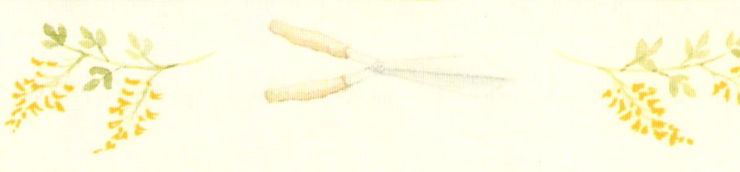

Der Name der BORRETSCHPFLANZE kommt aus dem Arabischen und bedeutet „Vater des Schweißes", denn das Kraut war in der orientalischen Medizin als schweißtreibend bekannt. Seine deutschen Bezeichnungen „Herzfreude" und „Wohlgemut" erinnern daran, daß man ihm Kräfte gegen Melancholie und Verzagtheit zuschrieb.

## KANDIERTE ENGELWURZ

Zutaten:
Engelwurzstengel
25 g Salz
750 g Einmachzucker
125 g Puderzucker

Engelwurzstengel in zehn Zentimeter lange Stücke schneiden. Salz in 600 ml heißem Wasser auflösen und über die Stengel gießen. Abdecken und 24 Stunden ziehen lassen. Flüssigkeit abgießen, Stengel schälen und gut in kaltem Wasser abspülen. Einmachzucker in 900 ml Wasser zum Kochen bringen. Engelwurzstengel mit einem Abtropflöffel in den kochenden Sirup geben und 20 Minuten weiter kochen. Die Stengel herausholen, abtrocknen und in einem Elektro- oder Gasherd bei 70° mindestens eine Stunde lang durch und durch trocknen. Mit Puderzucker bestreuen und luftdicht lagern.

ENGELWURZ (*Angelica archangelica*) war früher eines der wichtigsten Heilkräuter bei Erkältungen, Lungenbeschwerden, Koliken und Rheumatismus. Die ganze Pflanze, einschließlich der Wurzeln, duftet aromatisch. Sie wurde daher gegen üble Gerüche im Haus als Streu- oder Räuchermittel angewendet. Heute ist Engelwurz in Wermut und Chartreuselikör enthalten. Im Juni kandiert man die Stengel zum Verzieren von Pudding und Kuchen.

*Ego borago / gaudia semper ago!*
*(Ich, der Borretsch, bringe stets Freude)*
RÖMISCHES SPRICHWORT

## Wahrsagerei

Man setzt ein Kind im Krabbelalter mitten in das Kräuterbeet. Die erste Pflanze, die es anfaßt, sagt die Zukunft voraus. Ist es die Gartenraute, dann naht Unglück; Rosmarin dagegen bringt ein Leben voller Zufriedenheit, während Thymian den Jungfern- bzw. Junggesellenstand prophezeit.

# Schädlingsbekämpfung

In diesem Monat machen sich Schädlinge und Krankheiten besonders stark im Garten bemerkbar. Zu Großmutters Zeiten bekämpfte man sie auf folgende nachahmenswerte Weise:

*Eine Einfassung der Gemüsebeete aus Schieferplatten, die mit Maschinenöl und Ruß eingeschmiert sind, hält Schnecken fern, gilt aber nicht überall als umweltfreundlich.*

*Bei einer Kaninchenplage pflanzt man eine Reihe Zwiebeln, Schnittlauch, Knoblauch oder – viel eleganter – Zierlauch um das Gemüsebeet. Keiner der gefräßigen Nager „durchbricht" eine solche Barriere!*

*Um Gurken vor Drahtwürmern zu schützen, steckt man eine frische Karotte bei jeder Pflanze in die Erde.*

*Schwarzer Zwirn, mehrmals um Beerensträucher geschlungen, schützt vor Vogelfraß.*

*Ein absolut sicheres Mittel gegen Mäuse: Man wäscht seine Katze und versprüht das Wasser im Garten!!*

*Im Sackleinen, das um Apfel- und Birnbaumstämme gebunden wird, fangen sich die Apfelblütenstecher.*

*Den Saft von gestampften Lupinenblüten an Obstbaumstämme verstreichen: ein gutes Mittel gegen Ameisen.*

*Mulch aus Eichenblättern vertreibt Schnecken.*

Rosa alba

# JULI

*Der Kuckuck wie die Nachtigall*
*Sie möchten den Frühling fesseln,*
*Doch drängt der Sommer schon überall*
*Mit Disteln und mit Nesseln ...*

JOHANN WOLFGANG V. GOETHE
(1749 – 1832)

*Ihr hübsch Lavendel und Röselein,*
*Ihr Pappeln groß und klein,*
*Ihr stolze Schwertliljen,*
*Ihr krause Basiljen,*
*Ihr zarte Violen,*
*Man wird euch bald holen:*
*Hüt dich, schön's Blümelein!*

UNBEKANNTER
VERFASSER

*Jungfernschaft die ist ein Garte,*
*Jungfern sind die Blumen drinnen.*

FRIEDRICH V. LOGAU
1650

# Farbenfrohe Beete
## Nelken

DIE GEFÜLLTE GARTENNELKE und ihre Verwandten aus den züchterisch bearbeiteten Seitenlinien des Nelkenstammbaums gehören seit Jahrhunderten zu den Lieblingen aller Blumenfreunde. Es gab und gibt eine Vielzahl von Blütenformen und Farben. „Er reicht' ihm einen Strauß mit zweiundzwanzig Nelken, die alle von verschiedenen Farben sein," schreibt Brockes 1767.

Zusammen mit der Rose gehörte die Nelke schon immer zu dem Standardsortiment auf den Blumenrabatten, das zum Beispiel im Barockgarten des Theologen Joh. Balth. Schupp folgende Pflanzen umfaßte: „Weiße Lilien, Roszmarien, Rosenstöcke, Violet und allerhand Nägelein." (1660) Statt „Nägelein" sagen wir heute „Nelken", aber nicht wenigen wird die alte deutsche Form noch aus dem unsterblichen Wiegenlied bekannt sein:

> Guten Abend, gute Nacht,
> Mit Rosen bedacht,
> Mit Näglein besteckt,
> Schlupf unter die Deck ...

Mit Nelken würzte man früher den Brautwein nach der Hochzeitszeremonie, denn sie galten als Aphrodisiakum. Noch heute sind Nelken in Italien ein Symbol für glühende Liebe.

*Der zieht den Duft
der Rose vor,
der andre liebt
den Nelkenflor.*

JOHANN HEINRICH VOSS
1825

*Bierhefe macht
Stockrosen groß und stark.*

DIE HORTENSIE ist ein sommergrüner Strauch
mit blauen oder rosafarbenen Blüten, je nach der
chemischen Zusammensetzung des Bodens. Im
19. Jahrhundert erfreuten sich die blauen Blüten
besonderer Wertschätzung. Daher reicherte man
die Erde um jeden Strauch mit gemahlenem blauem Schiefer an.

DIE STOCKROSE – oder Stockmalve, auch
Eibisch genannt, wird sei der Antike zur Heilung
von Erkältungen und Lungenkrankheiten verwendet. Eine Kompresse aus den Blättern soll bei
Wespen- und Bienenstichen helfen. Die getrockneten und pulverisierten Blüten ergeben eine
wunderbare Naturfarbe – ein tiefes Purpur-
schwarz.

DIE PRUNKWINDE ist gleichsam der von
Züchtern geschaffene Hochadel innerhalb der
weitverbreiteten und überwiegend „proletari-
schen" Windenfamilie, zu der auch die aggressive
Ackerwinde gehört – ein Schlinger, der die anderen Pflanzen unterdrückt. Die schönen blauen
Blüten gelten als ein Symbol für die Vergänglich-
keit des Menschen: Sie öffnen sich morgens, blühen voll zur Mittagszeit – allerdings nur, wenn
die Sonne scheint – und vergehen bei Sonnenuntergang.

Drei Tage vor Vollmond gepflückte Blüten be-
saßen für Abergläubische magische Kräfte, deren
sich die Hexen gern bedienten. Kinder durften
die Blüten nicht berühren, da ein Halluzinatio-
nen erzeugendes Gift in ihnen enthalten sei.

*Beschneide Du Deinen Buchsbaum,
wie Du willst, und pflanze Deine
Blumen nach Dir verständlichen
Schattierungen, aber beurteile nicht
den Garten der Natur nach Deinem
Blumengärtchen.*

GEORG CHRISTOPH LICHTENBERG
(1742–1799)

DIE SEEROSE – oder Haarwurtz, Wassermön und Keulwurtz, so nennt Wirsung sie 1568 in seinem „Artzneybuch" –, gehörte zum Bannkreis des Mondes und diente daher in der Volksmedizin zum Kühlen und Feuchthalten. Die Blätter senken das Fieber, und der Blütensirup wirkt schlaffördernd und entspannend.

*Die Rosen waren wie ihr Mund,*
*die himmelblauen Winden wie ihre Augen.*
JOSEPH V. EICHENDORFF
1864

*Wer mit dem Öl aus Löwenmaulsamen*
*gesalbt ist, dem*
*winkt Ruhm,*
*heißt es.*

LÖWENMÄULCHEN dienten im 17. Jahrhundert als Amulett gegen Zauberei. Sie erhielten ihren Namen wegen der Form der Blüte, die wie ein offener Mund aussieht, wenn man sie seitlich drückt. Die Pflanze wächst halbwild auf Mauern. Es gab „Wälle, zermorscht und faul, purpurn von Löwenmaul," wie Ferdinand Freiligrath im Jahre 1870 dichtete.

DIE LEVKOJE ist eine Verwandte des Goldlacks mit sehr breitem Farbspektrum, wie schon Hohberg in seinem „Adelichen Land- und Feldleben" von 1687 feststellte: „gelb, weisz, roht, veyelfarb, weisz mit roht oder purpurfarb gesprengt, schwefelgelb und gelbguldener Lack." Um 1600 dienten die Blüten zum Lindern der Geburtswehen und zum Heilen von Hämorrhoiden und Lähmungen.

*Fällt Unkraut auf Kieswegen zur Last,*
*dann gießt man mit einer Brühe*
*aus Salz, Asche und Tabakresten.*

*Stockrosen pflanzt man gern*
*neben Bienenkörbe,*
*denn der Nektar ergibt*
*einen wunderbaren Honig.*

# Kalendertage im Juli

### 20. Juli
### St. Margaretentag

Die Hl. Margarete ist die Patronin der Wöchnerinnen. Gleichzeitig galt ihr Festtag – aus welchem Grund auch immer – als günstiger Termin für die Aussaat der Herbstrüben. Regen war daher an diesem Tag nicht gern gesehen.

### 22. Juli
### St. Maria Magdalena

Dieser Fest- und Lostag erinnert an die Sünderin, die zu Füßen Jesu Reuetränen vergoß. Es lag nahe, im Volksglauben diese Tränen mit dem Regen in Verbindung zu bringen.

### 23. Juli – 23. August
### Hundstage

In dieser Zeit geht der Hundsstern Sirius gleichzeitig mit der Sonne auf und ist, wie die Griechen annahmen, für die jetzt zu erwartende sommerliche Hitze verantwortlich. Mit schwitzenden Hunden haben diese Tage also nichts zu tun; vielmehr schwitzen die Menschen, und auch die Gärtner sind betroffen, denn die Hundstage gehören zu den Lostagen: Wie das Wetter in diesen Wochen ist, so wird es auch danach sein.

### 25. Juli
### St. Jakobitag

Jetzt steht die Ernte der frühen Jakobikartoffeln und der allerersten Jakobiäpfel bevor. An diesem Tag geschnittene Wegwarte galt als besonders wirksam bei Magenverstimmung und Verstopfung; grub man die Pflanze aber nachts mit aufgesetztem Hirschgeweih aus, dann besaß man ein Zaubermittel gegen Liebeskummer.

*Regnet's am Margaretentag,
gibt's viel Not, gibt's viel Klag.*

*Jakobtag ohne Regen
bringt strengen Winter ohne Segen.*
NIEDERÖSTERREICH

# Blumen und Sträucher in Küstennähe

DIE GRASNELKE gehört zu den verbreitetsten und hübschesten Strandgewächsen. Sie bildet dunkelgrüne Polster, aus denen sich die rosafarbenen Blüten an blattlosen Stengeln erheben. Diese Wildpflanze ist eine vorzügliche Bienen- und Schmetterlingsweide. Sie kann aus Samen gezogen werden und fühlt sich dann auch im Garten wohl.

DAS LEIMKRAUT kommt als Wildart auf Klippen vor, während sich züchterisch bearbeitete Arten im Steingarten bewährt haben, wie zum Beispiel *Silene maritima* „Weißkehlchen", ein reizender Langblüher mit hübschen weißen Blüten.

Der blauviolett blühende STRANDFLIEDER – auch Meerlavendel oder Echter Widerstoß – ist bei uns weiterhin unter seiner lateinischen Bezeichnung *Limonium* bekannt. Er wächst in küstennahen Salzwiesen und bildet Rosetten mit spatelförmigen, ledrigen Blättern.

DER STECHGINSTER – auch Stachelginster oder Gaspeldorn –, ist ein kräftiger, knorpelig verholzender Strauch, der gut auf Heideböden in Meeresnähe gedeiht. Aus den stark duftenden goldgelben Blüten gewinnt man eine sattgelbe Naturfarbe. Im 19. Jahrhundert lieferte der Ginster das Brennholz für die Öfen in den Bäckereien. Die Asche ist reich an kalzinierter Soda und eignet sich daher gut zum Düngen.

*Kleine Ginsterzweige, in die Pflanzrillen von Erbsen gelegt, ergeben einen guten Schutz gegen Vögel und Mäuse.*

# Im Gemüsegarten

DIE ARTISCHOCKE ist eines der ältesten Kulturgemüse, die es gibt. Die Menschen im Altertum schätzten sie sehr. Seit dem Mittelalter findet sie auch als Zierpflanze Verwendung. Kräuterbücher des 18. Jahrhunderts empfehlen die Artischocke als Aphrodisiakum.

Nur die unreifen Blütenstände sind eßbar, daher müssen sie sehr früh geerntet werden.

DIE TOMATE, früher Liebes- oder Paradiesapfel, in Österreich noch heute Paradeiser genannt, kam im 16. Jahrhundert aus Südamerika nach Europa und wurde wegen der giftigen Früchte nur als Zierpflanze angebaut. Auch ihr Ruf als Aphrodisiakum steigerte nicht ihre Beliebtheit.

Erst nach 1900 erlangte die Tomate in Deutschland Bedeutung als Nutzpflanze.

Der Wanderweg der GURKE verläuft von ihrer Heimat Nordindien über Ägypten (2. Jahrtausend v. Chr.) und Griechenland (600 v. Chr.) nach Byzanz und von dort, über polnische und tschechische Gebiete, im 17. Jahrhundert nach Nord- und Mitteldeutschland, wo der griechisch-slawische Name als „Gurke" bzw. „Augurke" übernommen wird. Die Süddeutschen dagegen nennen das Gemüse in Anlehnung an das Lateinische „Kukumer", und die Österreicher gar übernehmen aus Ungarn „Unmurke".

Viele Gärtner zogen früher älteren Samen dem frischen vor und „beschleunigten" daher den Alterungsprozeß, indem sie die Saat in der Westentasche mit sich herumtrugen, bevor sie sich ans Säen machten.

## GURKENLOTION GEGEN SONNENBRAND

Zwei große Gurken schälen und in Würfel schneiden, im oberen Teil eines Doppelkochtopfs erhitzen und weichkochen. Die Gurkenmasse durch ein feines Musselintuch pressen. Whiskey (1/4 der Saftmenge) und Holundersaft (1/3 der Saftmenge) hinzufügen. Gut schütteln und auf Flaschen füllen.

DEM SALAT wurden in vielen Ländern magische Kräfte und eine besondere Heilwirkung zugeschrieben. So opferten die Ägypter ihn dem Fruchtbarkeitsgott Min, und im Mittelalter benutzte man bestimmte Salatarten, um Liebestränke zu brauen und die Empfängnis zu fördern. In der bürgerlichen Küche diente das grüne Gemüse realistischeren Zwecken: „Lactuca oder Salat ist im Sommer dem Magen wegen seiner Kühlung ein annehmlich und gesund Ding," heißt es in Johann Colers „Hausbuch" (1592), ja, er ist sogar als ein Grundnahrungsmittel angesehen worden, wenn man Tabernaemontanus richtig deutet: „Gott, du lässest Grasz wachsen vor das Vieh und Salat zu Nutz der Menschen." (1588)

*Dichtgesäte Rüben vertreiben die Quecke aus dem Garten.*

*Ringelblumen als Nachbarn von Tomaten halten Schädlinge fern.*

# Im Kräutergarten

Das duftende und aromatisch schmeckende BA-SILIENKRAUT stammt aus Indien. In seiner Heimat ist es Krischna und Wischnu heilig und wird in jedem Hinduhaushalt verehrt. In der Antike galt das Kraut als Sinnbild von Haß und Unglück; beim Säen mußte man laut fluchen, sonst war der Same taub.

Valentini preist das Basilienkraut 1719 als Heilmittel „in den Hauptkrankheiten, Schlagflüssen, Schwindel, Schlafsucht, in allen Mutter-Beschwerden, so etwa von der verhaltenen Vierwochenzeit (welche es gewaltig befördert) herrühren, wie auch in der Kolik."

Heute gebraucht man das Kraut vor allem zum Würzen, für aromatische Bäder und zur Herstellung der Basilikumsalbe.

DIE PETERSILIE ist ein so allgemein beliebtes Würzkraut, daß ihr schlechter Ruf im Volksglauben überrascht. In der Antike war der Steineppich (so die wörtliche Übersetzung) dem Tode zugeordnet; die Trauernden bestreuten die Gräber damit. Während des Mittelalters durfte man die Pflanze nicht verschenken, sonst verschenkte man sein Glück; man durfte sie auch nicht verpflanzen; nur Frauen säten sie, und das ausschließlich am Karfreitag oder bei Glockengeläut. Gebärfähige Frauen wurden schwanger, sobald die Samen keimten, hieß es.

In deutschen Sprichwörtern hat sich diese negative Bedeutung erhalten; zum Beispiel ist einem „die Petersilie verhagelt", wenn einem etwas Widerwärtiges passiert ist.

Mundartliche Bezeichnungen für die Petersilie sind „das Peterlein" beziehungsweise „die Peterzyge" und – in köstlicher Verdrehung – „die Bitterzilche" im Leipziger Raum.

*Die Natur gibt eine Apotheke in die Welt. Also wie in einer Apotheke die Kräuter etc. versammlet und eingesammlet sind, also ist auch in der Welt ein natürliche Ordnung der Apotheken, also daß alle Wiesen und Matten, alle Berge und Bühel etc. Apotheken sind. Die gibt uns die Natur. Von deren sollen wir die unsern füllen. Die natürlich Apotheke übertrifft die menschlichen.*

PARACELSUS
1538

# Sommerjahrmärkte

Im Juni, Juli und August finden in manchen Gebieten Jahrmärkte statt, in deren Mittelpunkt bestimmte Gemüse und Früchte stehen, die in diesen Monaten geerntet werden, so die Salatkirmes in Schwalmstadt-Ziegenhain und der berühmte Blumenkorso von Bad Ems / Lahn, in England etwa die Johannisbeerkirmes in Surrey und die Erdbeerkirmes in Wisbech.

Die ursprüngliche Bindung an religiöse Feste und an den Kirchenkalender ist meist verlorengegangen, stattdessen stehen das Vergnügen und der Verkauf von Gartenprodukten im Vordergrund.

*Kleingehackter grüner Adlerfarn im Pflanzloch von Fuchsien tut den Wurzeln gut.*

# Marienkäfer

Abgesehen davon, daß dieser Käfer ein überaus nützlicher Läusevertilger ist, steht er auch in Beziehung zu „höheren Wesen". Die sieben Punkte auf seinen Flügeldecken erinnern nämlich an die sieben Schmerzen der Jungfrau Maria und haben zu manchen landsmannschaftlich gebundenen Benennungen geführt, zum Beispiel „Frauentierlein" in der Schweiz; „Gotteskälblein" im bayerisch-österreichischen Grenzgebiet und „Marikenworm" im Plattdeutschen.

*Marienkäfer, flieg nach Hause!*
*Es brennt! Dein Kinder sind im Grause;*
*nur eins lebt noch, die kluge Hanne:*
*die krabbelt' unter die Bratpfanne.*
ENGLISCHES KINDERLIED

# Im Obstgarten

Jetzt reifen die KIRSCHEN – die Kriesbeer der Schwaben –, vorausgesetzt, die Vögel haben sie verschont. Der einzig wirksame Schutz besteht in einem Netz, das man über den Baum wirft. Eine empfehlenswerte Süßkirsche ist „Kassins Frühe" (schwarzrot, großfrüchtig), eine gute Sauerkirsche die „Schattenmorelle" (glänzend dunkelrot, großfrüchtig).

*Mit Herren ist bös Kirschen essen.*
*Wann sie die besten hant gefressen,*
*so werfen sie mit Stielen dich.*
*Viel lieber will sie kaufen ich.*
MYLIUS, „STRASSBURGER LUSTGARTEN"
1621

Die besten HIMBEEREN der Welt wachsen in Schottland, wo die Sommertage unerreicht lang und kühl sind. Gelbfleischige Varietäten schmekken am besten. Bei Regenwetter pflückt man die Beeren während eines trockenen Intervalls und macht sofort Saft daraus oder friert die Ernte ein, denn schon nach kurzer Zeit tritt Pilzbefall auf.

DIE STACHELBEERE – die Schwaben nennen sie Stechbeer, die Altenburger und Leipziger Stachelitzchen – ist in Nord- und Mitteleuropa beheimatet und wird dort gern für Torten, Marmelade und Soßen zu ölhaltigen Fischgerichten verwendet. Gelbe Stachelbeeren haben das beste Aroma und ergeben einen vorzüglichen Sekt.

*Himbeeren*
*dürfen im ersten Jahr*
*nicht fruchten,*
*sonst werden*
*die Pflanzen*
*zu sehr geschwächt.*

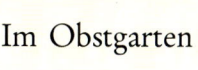

## STACHELBEER-CHAMPAGNER

Auf je 2,25 l Stachelbeerbrei
1,5 l Wasser und 350 g zerkleinerten
und gelösten Hutzucker geben.
Im Zuber oder Bottich gut umrühren
und mit einem Laken abdecken,
welchselbiges bei jedwedem
Weinmachen vorteilhaft, es sei denn,
man möchte die Gärung retardieren.
Gelegentlich umrühren.
Die Flüssigkeit nach drei Tagen
in ein Faß seihen,
nach abgeschlossener Gärung
auf je 4,5 l Wein 1,25 l Branntwein
oder guten Whisky sowie
1,25 l Sherry oder Madeira geben.
Das Faß überaus fest verspunden und das
Spundloch mit Lehm abdichten.
Ist der Wein klar, was nach drei
bis sechs Monaten der Fall ist,
mit aller Vorsicht abfüllen.

AUS DEM
„KOCHBUCH UND
HAUSFRAUENBREVIER„
VON 1826

*Stachelbeeren erntet man,
indem man die Früchte mit dicken
Lederhandschuhen von den Zweigen
abstreift.*

*Diese Stachelbeer, rohe
genossen, ist
schlechte Nahrung und macht
böse Geblüt.*

NUTZBARES, GALANTES UND CURIÖSES
FRAUENZIMMER-LEXIKON
1715

# AUGUST

Die hohen Himbeerwände
Trennten dich und mich,
Doch im Laubwerk unsre Hände
Fanden von selber sich.

Ach, schrittest du durch den Garten
Noch einmal im raschen Gang,
Wie gerne wollt ich warten,
Warten stundenlang.

THEODOR FONTANE
(1819 – 1898)

Holzasche ergibt die beste
Kopfdüngung für Lilien.

Gif uns Dag für Dag uns Brood.

VATERUNSER,
FRIESISCH

Wachsen Lilien willig,
wird das Brot bald billig.

# Sommerliche Blütenpracht
## Lilien

Herkules war kaum geboren, als er so kräftig an der Brust seiner Mutter Hera sog – der die Kühe heilig waren – daß ein gewaltiger Strahl von Muttermilch über die Welt floß.

Auf diese Weise entstand die Milchstraße, und aus den Tropfen, die auf die Erde fielen, wuchsen weiße Lilien. Diese Lilien der antiken Göttersage deuteten die Christen zu Madonnenlilien um, den Lilien der Mutter Jesu. Die Pflanze galt als das Symbol der Keuschheit und spielte bei Hochzeiten und Beerdigungen eine große Rolle. Aus ihrer mittelmeerischen Heimat sollen Kreuzritter sie im Mittelalter nach Deutschland mitgebracht haben.

In der Wohnung schützen Madonnenlilien die Menschen vor Hexen und anderen bösen Wesen. Eine Salbe aus den gemahlenen Wurzeln galt als sicheres Mittel bei Verbrühungen und Verbrennungen aller Art.

In den ländlichen Gärten findet man außer der Madonnenlilie auch oft Türkenbundlilien, Königslilien und Tigerlilien; die letzteren werden in China seit 2000 Jahren als Futterpflanzen für das Vieh angebaut.

*Wie willstu weiße Lilien*
*zu rothen Rosen machen?*
*Küß eine weiße Galathee,*
*sie wird erröthet lachen.*

FRIEDRICH V. LOGAU
1650

*Lilien wollen nicht umgepflanzt werden.*
*Daher ersetzt man sie durch neue,*
*wenn die Wuchskraft nachläßt.*

DAS GEISSBLATT oder Jelängerjelieber ist ein zuverlässiger Schlinger. Es entfaltet seinen herrlichen Duft erst bei Sonnenuntergang, denn es wird von Nachtfaltern bestäubt. „Das Essen nicht in der Laube, Mama!" ruft Luise 1795 im „Laendlichen Gedicht" von J. H. Voss. „Das Geißblatt duftet abends viel zu streng, und zumal mit der Lilien und der Resede Duft vermischt". Wo des Guten zu viel ist, scheiden sich die Geister …

DER RITTERSPORN beginnt jetzt zum zweitenmal zu blühen, wenn man ihn im Juni rechtzeitig zurückgeschnitten hat. Die Staude überdauert im Garten viele Jahre ohne Schwierigkeiten. Kinder dürfen keinen Teil der Pflanze in den Mund nehmen, da sie schwach giftig ist. Eine Tinktur aus den Samen wird seit alters her als Mittel gegen Kopfläuse benutzt.

*Rittersporn bleibt in der Vase*
*länger frisch, wenn man*
*einen Teelöffel Zucker in das Wasser gibt.*

*Im Wurzelbereich braucht*
*das Geißblatt Schatten,*
*die Blüten aber*
*wollen volle Sonne.*

„So wie der MOHN zur Seite das Haupt neigt, welcher im Garten steht, vom Wuchs belastet und Regenschauern des Frühlings, also neigt' er zur Seite das Haupt, vom Helme beschwert," nämlich der gerade vom Pfeil eines Griechen getötete Sohn des trojanischen Königs Priamos in Homers „Ilias".

Seit jeher ist der Mohn mit dem Schlaf und dem Tode assoziiert worden. Der Samen kann viele Jahre in unberührter Erde ruhen, bis Veränderungen in der Bodenstruktur ihn plötzlich zu keimen veranlassen. So erblühte der Mohn auf den Schlachtfeldern von Flandern, als man dort die Schützengräben zog, und deshalb wurde er zum Ehrensymbol der Kriegsgefallenen.

*Starrt man wilden Mohn zu lange an,*
*dann wird man blind,*
*heißt es.*

*Getrocknete Wurzelstückchen der*
*Schwertlilie, in Wein gelöst,*
*dämpfen Blasenschmerzen.*

WALAFRID STRABO, ABT DES KLOSTERS
REICHENAU, UM 840

Bei den SCHWERTLILIEN soll es sich um die „Lilien auf dem Felde" handeln, die Jesus in der Bergpredigt erwähnt, denn diese Pflanzen wuchsen damals überall im Heiligen Land. Durch die Benediktiner gelangte die Schwertlilie (*Iris germanica*) im frühen Mittelalter nach Deutschland.

Ein erweichender Umschlag aus dem Brei der Sprossen galt als hilfreich, wenn man Splitter aus der Haut entfernen mußte.

DIE SONNENBLUME wurde von den Inkas als Symbol der Sonne verehrt. Ab 1569 gelangte sie aus Peru über Spanien nach Deutschland.

Die Norddeutschen nennen sie „Sünnenbloom", die Österreicher „Sunnabluma".

*„Sie sitzt nicht nur auf einem hohen Throne,*
*sie prangt nicht nur mit einer güldnen Krone:*
*Die Sonnen-Blume trägt das Bild der Sonne!"*

BARTHOLD HINRICH BROCKES,
IRDISCHES VERGNÜGEN IN GOTT
1767

## WAS TUN MIT VERBLÜHTEN ROSEN?

Im Hochsommer beginnen die Rosen zu verblühen. Man sammelt die Blütenblätter an einem warmen, trockenen Morgen, kurz bevor sie abfallen, breitet sie auf Papierbögen aus und läßt sie mehrere Tage an einem warmen Ort trocknen.

## ROSENBLÄTTER – POTPOURRI

Zutaten:

3 Tassen getrocknete Rosenblüten,
2 Tassen getrocknete Lavendelblüten,
1 Tasse getrocknete Blätter der Zitronenverbene,
1 Teelöffel pulverisierter Nelkenpfeffer,
1 Teelöffel Zimt,
1 Teelöffel gemahlene Nelken,
5 g Benzoëharz

Die Drogen mischen und Benzoëharz hinzugeben. Gut umrühren. In verschließbarem Behälter zwei Wochen warm lagern. Regelmäßig schütteln. Bei Bedarf in eine Schale schütten und den Sommerduft genießen.

**DIE PASSIONSBLUME** stammt aus Brasilien und erhielt ihren Namen von Priestern, die dort in der Indianermission tätig waren. 1633 nämlich verglich der Jesuit Ferrari die Pflanze mit den Leidensmerkmalen Christi und mit den Marterwerkzeugen: Die drei Narben stellen demzufolge die Nägel dar, der Fadenkranz die Dornenkrone, der gestielte Fruchtknoten den Kelch, die fünf Staubbeutel die fünf Wundmale, die gelappten Blätter die Lanze, die Ranken die Geißeln und die weiße Blütenfarbe die Unschuld des Heilands. Außderdem wurde angenommen, daß die Blüte drei Tage offenbleibe und damit die dreijährige Heilstätigkeit Jesu symbolisiere; in Wirklichkeit bleibt die schöne Blüte der Passionsblume aber nur einen Tag geöffnet.

*Petersilie als Nachbar von Rosen verstärkt deren Duft.*

DER HIBISCUS – oder Roseneibisch – ist in China beheimatet und kam im 16. Jahrhundert nach Deutschland. Auf den Südseeinseln signalisiert eine rote Blüte hinter dem linken Ohr eines Mädchens, daß es sie nach einem Liebhaber verlangt; hinter dem rechten Ohr besagt die Blüte: „Ich habe einen gefunden"; eine Blüte hinter jedem Ohr dagegen vermittelt die herausfordernde Botschaft: „Ich habe einen Liebhaber, möchte aber einen anderen!"

*Man muß selbstverständlich Pflanzen nicht in Einzeltönen, sondern in Klängen sehen und benachbaren, am besten in Dreiklängen. Hier liegt auch ein endloser Spielraum für Wagnisse ohne Ende. Setze zwei einander „fremde" Farben durch eine dritte in leidenschaftliches Gespräch!*

KARL FOERSTER,
NEUER GLANZ DES GARTENJAHRES
1952

DIE KAPUZINERKRESSE soll dem Blut eines trojanischen Kriegers entsprungen sein; die Blüte symboliziere dessen Goldhelm, das runde Blatt dessen Schild, heißt es. Eine nahe Verwandte ist die Brunnenkresse; kein Wunder, daß junge Blätter gut zu Salaten schmecken. Die Knospen dieser kriechenden beziehungsweise kletternden Pflanze bilden, sauer eingelegt, einen guten Ersatz für Kapern. Nach dem Zweiten Weltkrieg wurde die Pflanze deswegen häufig angebaut.

*So lange die Erden stehet, sol nicht aufhören Samen und Ernt, Frost und Hitz, Sommer und Winter, Tag und Nacht.*

1. MOS. 8, 22

# ℐm Kräutergarten

DIE GARTENKAMILLE gehört zu den ältesten Kulturkräutern überhaupt. Die Griechen nannten sie wegen des erdigen Apfelgeruchs *Chamaemelum*, Erdapfel. Auf Gartenwege gepflanzt, entfaltet sie ihren Duft, sobald man darauftritt.

Kamillentee wirkt bei Krämpfen, leichtem Fieber sowie Magenschmerzen und ist ein Sedativum für Kinder, die nicht einschlafen wollen. Kamillenumschläge helfen bei Geschwülsten und entzündeter Haut.

*Die „Ollen Kamellen" des Mecklenburgers Fritz Reuter sind „abgetane Dinge", die, wie zu lange gelagerte Kamille, keine Wirkung mehr entfalten können.*

## KAMILLEN – HAARWÄSCHE

Zutaten:
50 g Blüten der wilden Kamille,
1 l kochendes Wasser

Die Kamillenblüten in einen Krug geben und das kochende Wasser darübergießen. 20 Minuten ziehen lassen, dann durchsieben.

Haare waschen und abschließend mehrmals mit dem Kamillenaufguß spülen.

Besonders geeignet für blondes Haar. Für dunkles Haar nimmt man statt der Kamillenblüten Rosmarinblätter.

LAVENDEL (von lat. *lavare*, waschen) fand als Heilkraut erst im Mittelalter Verwendung. Hildegard von Bingen († 1179) empfahl ihn gegen Lungen- und Leberleiden. Getrockneter Lavendel entfaltet sein herrliches Aroma am besten in Potpourris und Duftkissen.

*Lavendel, Myrt und Thymian*
*das wächst in meinem Garten,*
*ich möchte gern ein Freier han*
*und kann es kaum erwarten.*

VOLKSLIED

*Lavendelöl befreit Katzen und Hunde*
*unfehlbar von Läusen und Würmern.*

## LAVENDELDUFTKISSEN

Zutaten:
4 Tassen getrocknete Lavendelblüten
4 Tassen getrocknete Rosenblüten
2 Tassen getrockneter Thymian
2 Tassen getrockneter Zitronenthymian
2 Tassen getrocknete Duftminze
2 Tassen getrockneter Majoran
1/3 Tasse gemahlene Nelken
2 Tassen Iriswurzelpulver

Alle Bestandteile in einer großen Schüssel mischen und in Musselin- oder Seidensäckchen füllen. Mit Satin- oder Samtband zubinden.
Zum Verschenken mit Spitze und kleinen getrockneten Rosenknospen dekorieren. Für den Hausgebrauch auf Sofakissen und an Stuhllehnen heften, um das Zimmer – wie im 19. Jahrhundert üblich – mit Wohlgeruch zu erfüllen.

*Ein mit Lavendelöl*
*getränkter Wattebausch,*
*in Musselin gehüllt,*
*hält das Zimmer fliegenfrei.*

*Gedeiht Lavendel gut im Garten,*
*müssen die Töchter ewig auf Freier warten.*

# Im Gemüsegarten

ZWIEBELN gehören seit Jahrhunderten zu den wichtigsten Gemüsearten. Hans Sachs zählt sie um 1550 sogar zu den allgemein gebräuchlichen Nahrungsmitteln:

„Auch magst du auffziehn gleicher Weis teglich auff deinen Tisch zu Speis Mangolt, Kolkraut, Zwiffel, Knoblach."

Als Mittel gegen Glatzenbildung rieb man die Kopfhaut mit einer Zwiebel, bis die Stelle feuerrot war, und dann schmierte man sie dick mit Honig ein.

SELLERIE war früher nicht nur ein viel angebautes Gemüse, sondern galt auch als Heilpflanze, wie zum Beispiel Johann Jakob Grimmelshausen 1670 in „Des abenteuerlichen Simplizissimi ewig währendem Calender" verbürgt:

„Wann du deinen Magen in verwichenem Summer mit Cucummern, Melonen, Pfersigen und dergleichen Dingen verderbt und unwillig gemacht hast, welches zuviel kühlende Früchten seynd: so gebrauche jetzt die Selleri täglich zum Salath, mit Pfeffer, Baumöl und ein wenig Essig angemacht, sie werden dir zu den Nieren räumen, und deiner Grathen gesund seyn oder wol thun."

# Bienenzucht

Die Bienen gelten als die klügsten Insekten. Man darf sie zum Beispiel nie töten; gekaufte Völker gedeihen nicht; heiratet oder stirbt jemand in der Familie, muß man es den Bienen mitteilen, sonst verlassen sie den Stock.

# Kalendertage im August

### 1. August
### Petri Kettenfeier

Dieser Tag ist für Abergläubische ein Unglücks-
tag, denn er bringt, wie der ganze August, oft
schwere Gewitter. Man sollte daher am 1. August weder heiraten noch Gemüse aussäen.

### 15. August
### Mariä Himmelfahrt

Seit dem 10. Jahrhundert finden an diesem Tage
Kräuterweihen statt. Kräuterbüschel aus Huflat-
tich, Enzian, Schafgarbe, Pfefferminz und anderen werden vor dem Hochaltar gesegnet und zur
Abwehr von Unheil am Hausgiebel oder im Stall
befestigt.

### 24. August
### St. Bartholomäustag

Der Apostel Bartholomäus ist nicht nur der Patron der Hirten, Fischer, Gerber und Metzger,
sondern auch der Stadtpatron von Frankfurt am
Main. Die dortige Herbstmesse wurde aus diesem Grunde stets an seinem Namenstag eröffnet.
Dem Gärtner bringt „Gewitter an Bartholomä /
Hagel und Schnee", wie der Hundertjährige Kalender prophezeit. In der Regel beginnt jetzt die
Obsternte.

*Bienen mögen kein Fluchen;
sorge daher für Frieden im Haus!*

# Im Obstgarten

Man erntet zunächst die reifen Früchte eines Baums und schützt die restlichen vor Vogel- und Wespenfraß. Besonders Pflaumen sind wahre Wespenmagneten. Hängt man Behälter mit gesüßtem Bier an die Äste, dann versuchen die Wespen zu naschen und ertrinken dabei.

RENEKLODEN oder genauer: REINEKLAU-DEN sind nach der Königin Claude, Gemahlin des französischen Königs Franz I. genannt, die solche Pflaumen in ihrem Schloßgarten an der Loire zog. Noch heute ist das Gebiet um das Schloß ein Hauptanbaugebiet für Renekloden. Die kugeligen, grünlichen, süßen Früchte schmecken delikat, kein Wunder, daß die Reneklode als die beste Pflaume überhaupt gilt.

DIE HAFERPFLAUME – auch Spilling oder Zipparte – wird schon seit vorgeschichtlicher Zeit kultiviert. Der Baum fruchtet frühestens nach fünf Jahren und trägt dann süß schmeckende, kugelige, gelblichgrüne oder blauschwarze Früchte. Im Badischen brennt man den Fruchtschnaps *Zibärtle* daraus.

DIE VIKTORIAPFLAUME war zu Großmutters Zeit sehr beliebt und wird noch heute von Kennern gepflanzt. Sie gilt als vorzügliche Dessertpflaume, ist aber auch hervorragend als Kochpflaume zur Herstellung von Marmelade und Tortenbelag geeignet. Sobald die Haut „errötet", erntet man die Früchte und wartet nicht, bis sie weich sind.

Systematische Beschreibung der vorzüglichsten in Deutschland vorhandenen Kernobstsorten.

Von

Dr. Aug. Friedr. Adr. Diel,

Herzogl. Nassauischem Geheimenrath, Brunnenarzt zu Ems, Ritter des Königl. Preuß. rothen Adlerordens dritter Classe, der Kö Preuß. öconomischen Gesellschaft zu Potsdam, der Kö einiger öconomischen Societät, der Altenburgl. Vereins zur Beförderung des Garten Beförderung des Garten Ehrenmitglied,

*Altes Landfrauenrezept für*

## STEIFES PFLAUMENMUS

Zutaten:
1 kg Haferpflaumen,
1/2 kg Zucker auf
1/2 kg Pflaumenpüree

Backofen auf 160° C erhitzen, Pflaumen
waschen und in dicht schließender Steingut-
kasserolle etwa 30 Minuten kochen, bis die Steine
lose sind. Durch feines Sieb gießen. Steine
knacken und Kerne durch das Sieb pressen.
Pürree wiegen und Zucker Pfund auf Pfund
hinzugeben. Im Kochtopf bis zum Dickwerden
kochen. In saubere, trockene Gläser füllen
und wie Marmelade verschließen.
Sechs Monate lagern.
Mit gerösteten Mandeln garniert und in
Portwein getaucht, ergibt das Mus einen
exquisiten Nachtisch.

*Wer Hühner hält,
läßt sie unter den
Pflaumenbäumen
herumlaufen.
Er erspart sich so
den Dünger.*

*Ich weiß ein hubschen, schonen, lustigen
Garten. Da gehen viel Kinder innen, haben
guldene Rocklin an und lesen schone Öpffel
unter den Beumen und Birnen, Kirsschen,
Spilling und Pflaumen, singen, springen
und sind frolich. Es sind die Kinder,
die gern beten, lernen und from sein.*

MARTIN LUTHER
AN SEINEN SOHN HÄNSCHEN, 1530

## BACKPFLAUMEN

Zutaten:
Eine beliebige Menge frische,
reife Pflaumen

Früchte gut waschen und in großen Topf geben.
Kochendes Wasser darübergießen und eine
Minute ziehen lassen. Wasser abgießen und
Früchte in kaltes Wasser tauchen. Wasser
wieder abgießen und Früchte sorgfältig trocknen.
Auf einem Gitterblech im Backofen bei 70° C
trocknen. Tür etwas geöffnet lassen.
Früchte gelegentlich wenden.

# SEPTEMBER

*Im Nebel ruhet noch die Welt,*
*Noch träumen Wald und Wiesen:*
*Bald siehst du, wenn der Schleier fällt,*
*Den blauen Himmel unverstellt,*
*Herbstkräftig die gedämpfte Welt*
*In warmem Golde fließen.*

EDUARD MÖRICKE, SEPTEMBERMORGEN
(1804 – 1875)

*Die Grille mit ihrem Zirpen mißt,*
*ob noch warm die Luft am Boden ist.*

*Wenn der September noch donnern kann,*
*so setzen die Bäume viel Blüten an.*

SPRICHWÖRTERGARTEN
1838

# Herbstlicher Flor
## Herbstastern

DIE HERBSTASTER – oder Sternenblume, wie der Volksmund sie taufte – gehört zu dem nordamerikanischen Zweig der riesigen Asternfamilie.

Um die am Mittelmeer beheimateten Wildarten ranken sich viele Mythen der Griechen und Römer. So soll die Göttin Asterea geweint haben, als sie beim Blick auf die Erde keine Sterne sah, und überall, wo ihre Tränen den Boden befeuchteten, erblühten plötzlich Astern. Nach einer anderen Legende schütteten die Götter Sternenstaub über die Erde, aus dem auf den Feldern die Sternenblüten der Astern entstanden.

*Ich bin nicht schön
– so spricht die Sternenblume –
doch Menschen lieb ich
und Menschen tröst ich.*

FRIEDRICH NIETZSCHE,
HERBSTASTER
1899

*Eier und Schmalz, Butter und Salz,*
*Milch und Mehl,*
*Safran macht den Kuchen gel.*

KINDERREIM

DER AKANTHUS ist eine dekorative Schmuck-
staude, die im Mittelalter aus Italien nach Deutschland gelangte. In der Volksmedizin verwendete
man sie zur Heilung von Gicht, Krätze und Verbrennungen. Das Akanthusblatt diente nicht nur
beim Tempelbau der Griechen, sondern auch im
europäischen Jugendstil als Vorlage für ornamen-
tale Entwürfe.

DER SAFRANKROKUS des Vorderen Orients
wurde früher auch bei uns zur Gewinnung des
kostbaren duftenden, gelben Safrans angebaut.
60 000 Blütennarben ergeben gerade 1/2 kg des
Luxusgewürzes! Kein Wunder, daß die importier-
te Ware oft „verdünnt" war, so daß das „Nutz-
bare, galante und curiöse Frauenzimmer-Lexikon"
1715 feststellt:

„Weil aber die Türken aus Neid gegen die Kri-
sten denselben verfälschen und schwächen sollen, wird in Teutschland gemeiniglich der öster-
reichische Saffran beliebet."

*Gezielt versprühter*
*Knoblauchaufguß*
*schreckt Blatt- und*
*Schildläuse ab und*
*verhindert Gurkenmehltau,*
*Bohnenrost und*
*Tomatenfäule.*

*Vögel zerstören Krokusblüten nicht,*
*wenn man die Zwiebeln unmittelbar*
*neben eine Lavendelhecke pflanzt.*

DIE HERBSTZEITLOSE heißt im Volksmund Spinnblume, Kuheuter und nackte Hure oder nackte Jungfer. Die drei letzten Bezeichnungen beziehen sich auf die Tatsache, daß die Blüte im Herbst ohne Blätter erscheint. Früher glaubte man fälschlicherweise, daß die Pflanze schon vor der Blüte Samen hervorbrachte und nannte sie deshalb *Filius ante Patrem*, Sohn vor dem Vater.

*Anleitung zum*

## TROCKNEN VON HORTENSIENBLÜTEN

Man schneidet die Blütenstiele im September, sobald die Farbe sich verändert und die Staubgefäße vertrocknet sind. Dann füllt man eine Vase zehn Zentimeter hoch mit Wasser und stellt die Blütenstiele hinein. Wenn das Wasser verbraucht ist, läßt man die Blüten trocknen.

*Nun weiß man erst, was Rosenknospe sei,*
*Jetzt, da die Rosenzeit vorbei;*
*Ein Spätling noch am Stocke glänzt*
*Und ganz allein die Blumenwelt ergänzt.*

JOHANN WOLFGANG V. GOETHE,
CHINESISCH–DEUTSCHE
TAGES- UND JAHRESZEITEN

DIE GOLDRUTE stammt aus Nordamerika, wo sie wild wächst. Die Kultursorten blühen bei uns im August und September und bilden dann leuchtendgelbe Farbflecken im Garten.

Der Aberglaube schrieb der Pflanze magische Kräfte zu. Wo sie wuchs, waren geheime Schätze im Boden vergraben, und wenn sie sich neben einer Haustür ausgesamt hatte, konnten die Bewohner auf eine Glückssträhne hoffen. Eingeweihte vermochten sogar mit Hilfe eines Goldrutenzweigs verborgene Quellen in der Erde aufzuspüren.

WEISSES HEIDEKRAUT bringt sowohl dem Schenkenden wie dem Beschenkten Glück, heißt es. Schon 1535 stand die Heide unter einer Art staatlichen Schutzes, wie der Markgräflich-nürnbergischen Waldordnung zu entnehmen ist: „Wer Hayd im Wald mehet oder mit eisern Rechen rechet, der ist verfallen zwei Pfund neuer Heller."

*Heide hält sich in Blumenarrangements wochenlang, wenn die Stiele nicht im Wasser stehen.*

*Teufelszwirn, Sonnenblume, Mariengras,*
*Goldrute, Zaunrübe und ich weiß nicht was,*
*Platterbs-Judasschilling, Gänsefingerkraut*
*Haben grüßend über meinen Zaun geschaut.*
*Einst lobte jeder sie, wer hätt' sie nicht gekannt!*
*Doch heute werden als Unkraut sie vom Gartenbeet verbannt.*

JOHN CLARE
(1793 – 1864)

# Spinnen

Die Spinne hat die Phantasie abergläubischer Menschen seit jeher beschäftigt. Wer zum Beispiel eine Spinne zufällig beim Netzbauen beobachtet, bekommt neue Kleider geschenkt; wer jedoch eine Spinne tötet, beschwört Unglück und Regen herauf.

Auch in der Volksmedizin spielte die Spinne eine Rolle: Wer Keuchhusten hatte, mußte einen Beutel mit lebenden Spinnen um den Hals tragen, und nervösen Menschen riet man, aus Spinnennetzen kleine Pillen zu machen und als Beruhigungsmittel zu schlucken.

Wetterpropheten taten gut daran, Spinnen aufmerksam zu beobachten. Beim Herannahen eines Sturms kürzt die Spinne nämlich die Fäden, an denen das Netz hängt; beruhigt sich das Wetter, dann spinnt sie die Fäden wieder länger.

Im September machen sich die Spinnen oft auf den Weg in das warme Hausinnere. Die Bewohner sollten zu ihrem eigenen Vorteil den Rat des Sprichworts befolgen:

*Die Spinne wirkt mit ihren Händen*
*und ist in der Könige Schlösser.*
SPRÜCHE SALOMONIS 30, 28

Willst du im Leben glücklich sein,
Dann laß die Spinne gern herein.

*Spinna am Morgen, Noat und Sorg'n,*
*Spinna am Abend, erquickend und labend.*
UNTERFRÄNKISCHE WEISHEIT

# *K*alendertage im September

DER ENZIAN, in Österreich und Bayern auch Bitterwurz, Bergfieberwurz und St. Ladislaiwurz genannt, bildet dicke, lange Wurzeln von äußerst bitterem Geschmack aus, die seit der Antike medizinisch genutzt werden. Pfarrer Kneipps Rezept gegen Schwindel, Magendrücken und Übelkeit lautet: Zwei Gramm Enzian-Wurzelpulver auf 1/4 l Wasser.

### *1. September*
### St. Verena- und St. Ägidiustag
Dieser Tag – in der Schweiz insbesondere das Patronatsfest der St. Verena bzw. Vreneli – ist ein wichtiger Wetterlostag, denn in vielen Gebieten beginnt die Obst- und Eichelernte sowie die Roggenaussaat.

Das Wetter an St. Ägidius
Vier Wochen so bleiben muß.

### *21. September*
### St. Matthäustag
Der Patron der Steuer- und Zollbeamten, der Krankenhäuser und der finanziell Schwachen – „Matthäi am Letz'n" – bestimmt das Wetter des nächsten Jahres, vor allem für die Winzer.

Matthäuswetter schön und klar
macht guten Wein im nächsten Jahr.

### *29. September*
### St. Michaelstag
Das Fest des Erzengels gehört zu den uralten Quartalstagen, an denen man seine Pacht bezahlte und Dienstboten einstellte. Im Garten ist St. Michael für die Bäume zuständig und segnet daher die an seinem Patronatstag gepflanzten.

Ein Baum, gepflanzt an Michael,
wächst sicher an und wird nicht gehl.

*D*eutscher und schweizerischer Enzianschnaps
wird aus gelbem, blauem und punktiertem
Enzian gebrannt.

# $\mathscr{E}$rntezeit

Vor der Industriellen Revolution wohnten die meisten Menschen auf dem Lande und bauten ihre Nahrungsmittel selbst an. Ihr Überleben im Winter hing ganz wesentlich von der Ernte ab, die sie einbringen konnten. Mehrere Gebräuche, die mit diesem entscheidenden Ereignis verbunden waren, haben sich bis heute erhalten. So schmückt man den ersten und den letzten Erntewagen, flicht Erntekränze, singt Erntelieder, macht aus der letzten Garbe mit Hilfe von Bändern eine Puppe, und die Mädchen stecken sich Kornblumen an die Hüte.

*Ähren fallen*
*unter Sichelschall;*
*Auf den Mädchenhüten*
*zittern blaue Blüten,*
*Freud ist überall.*

LUDWIG CHRISTOPH HEINRICH HÖLTY
(1748 – 1776)

# Im Gemüsegarten

*Als Schutz gegen die Möhrenfliege harkt man zerkrümelte Mottenkugeln in den Boden, wenn man Karotten sät.*

KAROTTEN preist schon Plinius als Küchengemüse. Unter den verschiedenartigsten Bezeichnungen, wie Möhre oder Mohrrübe (vor allem in Sachsen), Merchenstengel (im Augsburgischen) und Murke (in Wien) ist sie noch heute ein beliebtes Nahrungsmittel.

Botaniker empfahlen sie zur Heilung aller möglichen Beschwerden und Mangelerscheinungen, vom Magendrücken bis zur Unfruchtbarkeit. Mit dem aus dem Karotin gewonnenen Farbstoff „schönt" man heute zu „blasse" Butter.

DIE PASTINAKE – oder Basternate der Leipziger und Palsternake der Bremer – wird in ihrem Nährwert nur von der Kartoffel übertroffen. In Kultur ist sie bereits seit über 2000 Jahren; viele römische Kaiser schätzten sie, und Karl der Große erwähnt sie ausdrücklich in seiner Landwirtschaftsverordnung (um 795). Die Pastinake ergibt einen der besten Landweine.

DIE ROTE BETE wurde im 17. Jahrhundert zur Behandlung von Leber- und Milzbeschwerden sowie gegen Kopfschmerzen und Wahnsinnsanfälle empfohlen. Die Griechen opferten dieses Gemüse einst ihrem Sonnengott Apoll.

*Rezept für*
## PASTINAKWEIN

Zutaten:
2 kg Pastinaken,
500 g Rosinen,
1 200 g Zucker,
Saft von 2 Zitronen,
300 ml frisch gekochter, starker Tee,
1 Teelöffel Weinhefe und Nährsubstrat,
4 l Wasser

Pastinakwurzeln geputzt und feingehackt
in 3,5 l Wasser 15 Minuten kochen, Schaum
abschöpfen. Zerkleinerte Rosinen mit
500 g Zucker in Plastikeimer geben und gefilterte
Pastinakbrühe darübergießen. Rühren,
bis der Zucker gelöst ist. Abkühlen lassen
und Tee, Zitronensaft, Hefe und Nährsubstrat
hinzugeben. Mit Kunststoffolie luftdicht
verschließen und sieben Tage an warmem Ort
gären lassen; täglich schütteln. Durch vier Lagen
Musselin filtern; Flüssigkeit in den Eimer
zurückschütten und vier Tage stehen lassen.
Ohne jeden Rückstand in Gärballon umgießen.
Restlichen Zucker in 0,5 l Wasser unter
Erwärmen auflösen; abkühlen lassen und
in Gärballon geben. Druckluftventil aufsetzen
und bis zum Abschluß der Gärung stehen
lassen. Auf Flaschen füllen. Vor Verbrauch
zwölf Monate lagern.

## Die magische Eberesche

DIE EBERESCHE, auch Vogelbeerbaum genannt,
besaß in den Augen der Landbevölkerung seit
alters her Zauberkräfte. Man identifizierte sich
mit der Widerstandsfähigkeit des Baums in allen
Wetterlagen und hängte seine Zweige als Glücks-
bringer an die Häuser und Ställe.

Hat man eine Eberesche im Garten, dann befestigt man bei Erscheinen der Beeren ein rotes
Band daran und hält so die Hexen auf Distanz.

Die Beeren schmecken köstlich in gefüllten
Kuchen, Gelee, Marmelade und Wein. Früher
dienten sie als Lockspeise, wenn man den Kram-
metsvögeln nachstellte. Aber auch der umge-
kehrte Prozeß war möglich, wenn man dem
Volksprediger Abraham a Santa Clara glaubt:

„Mancher hat ein so rothes Gesicht, daß ihme
auch die Starn nachfliegen, der Meynung,
als wachseten Vogelbeer auf ihme." (1699)

# Äpfel

Im 17. Jahrhundert servierte man am Ende eines Festgelages Äpfel mit Kümmelsamen. Schon damals waren Apfelstrudel, Apfelmus und Apfelwein beliebt.

Dieses Obst ist besonders leicht bekömmlich; ungesüßter Saft verringert den Säuregehalt des Magens und fördert den Verdauungsprozeß. Ein reifer, saftiger Apfel, täglich vor dem Schlafengehen verzehrt, reinigt nicht nur die Zähne und massiert das Zahnfleisch, sondern soll auch schlimmste Fälle von Verstopfung beheben können.

In der Volksmedizin half Apfelsaft bei Hautrötungen und wurde bei peinlich roten Trinkernasen verschrieben. Apfelstücke, auf der Warze verrieben und anschließend im Garten vergraben, halfen unfehlbar; denn wie der Apfel im Boden, so verging auch die Warze. Der Saft heilte, so nahm man an, auch kleinere Schnittwunden; und in der Tat hat die Forschung festgestellt, daß die Pektine der Frucht keimtötende Wirkung besitzen.

# Großmutters Apfelbäume

DER EDELBORSDORFER zählte zu den feinsten Tafel- und Dessertsorten von unvergleichlicher Güte. Er wurde als Wildling in Sachsen gefunden und bereits 1561 bei Meißen angepflanzt. Die Sorte trug erst nach zwölf bis fünfzehn Jahren Früchte.

DER ROTE EISERAPFEL, auch „Paradeis" genannt, war wegen seines gelb-weißen, saftigen und leicht sauren Fruchtfleisches beliebt. In guten Kellern hielt die Frucht sich bis zum nächsten Herbst.

Die Sorte GELBER RICHARD ist in Mecklenburg beheimatet und hat sich wegen ihrer Qualitäten als vorzüglicher Tafel- und Wirtschaftsapfel über ganz Deutschland verbreitet. Das Fleisch ist weiß, fein, mürbe und von ausgezeichnetem, weinsäuerlichem, fein gewürztem Geschmack.

DER GELBE EDELAPFEL galt als wertvoller und schöner Tafelapfel. Wegen der frostresistenten Blüte war der Baum fast jährlich fruchtbar.

DER WEISSE KLARAPFEL ist noch heute ein vorzüglicher Frühsommerapfel. Er stammt aus Litauen und Lettland und wird dort „Naliwjone holoje" bzw. „Pomme de Réval" genannt.

## LAGERN VON ÄPFELN

Die Äpfel kurz vor der Reife pflücken, jede Frucht einzeln in Papier wickeln, in saubere Kisten oder Pappkartons packen, kühl und trocken lagern. Ahornblätter zwischen den Schichten sollen die Haltbarkeit der Äpfel fördern.

*Früchte bringet das Leben dem Mann;*
*doch hangen sie*
*selten rot und lustig am Zweig,*
*wie uns ein Apfel begrüßt.*
JOHANN WOLFGANG V. GOETHE
(1749–1832)

# OKTOBER

*O, geh am sanften Scheidetage*
*Des Jahrs zu guter Letzt hinaus*
*Und nenn ihn Sommertag und trage*
*Den letzten, schwer gefundnen Strauß.*
*Bald steigt Gewölk und schwarz dahinter*
*Der Sturm und sein Genoß, der Winter,*
*Und hüllt in Flocken Feld und Haus.*

JOHANN HEINRICH VOSS
1812

*Bunt sind schon die Wälder,*
*Gelb die Stoppelfelder,*
*Und der Herbst beginnt.*
*Rote Blätter fallen,*
*Graue Nebel wallen,*
*Kühler geht der Wind.*

JOHANN GAUDENZ V. SALIS-SEEWIS
(1762 – 1834)

# Späte Blütenpracht
## Ringelblumen

Römer und Hindus verehrten die RINGELBLU-ME als göttlich. Im Deutschen heißt die Pflanze auch „Totenblume", weil man die Leichen damit zu schmücken pflegte. Tröstlicher klingen die Bezeichnungen „Goldblume" und „Mariengold".

Wegen ihrer ätherischen Öle, Bitterstoffe und Harze ist die Ringelblume zu einer wichtigen Arzneipflanze geworden. Extrakte aus dem Kraut und den Blüten sind schweißtreibend und abführend; eine Salbe aus den gleichen Pflanzenteilen hilft bei Geschwüren und Verletzungen. „Sieben Ringelblumenkörlin inn drei Untzen weißen Weins getruncken, ist eine treffliche Artzenei wider das viertägliche Fieber", vermeldet das „Frauenzimmer-Lexikon" 1715.

Früher benutzte man den aus den Blüten extrahierten gelben Farbstoff in den Molkereien zum Färben „blasser" Käsesorten, und Eitle tönten sich die Haare damit.

Die Pflanze sondert einen Stoff ab, den Käfer und die Weiße Fliege nicht mögen. Daher ist die schöne Blume im Garten ein geschätzter Schädlingsvertreiber.

*Der Abend rot, der Morgen grau,*
*macht das schönste Tagesblau.*

DIE KOKARDENBLUME aus Nordamerika und Mexiko hat ihren botanischen Namen *Gaillardia* nach dem französischen Botaniker Gaillard de Chantonnay erhalten. Auf der Rabatte ist sie ein Dauerblüher und ziert auch oft noch den Oktobergarten mit ihren tiefroten, margeritenähnlichen Blüten.

DAS EISKRAUT fühlt sich am wohlsten im Steingarten. Die Römer glaubten, daß diese Pflanze sie vor Blitzschlag bewahren könne. Eine grüne Varietät, die in England unter der Bezeichnung „Lifelong" bekannt ist, blüht im Herbst und bleibt nach dem Pflücken lange Zeit frisch. Mädchen vom Lande, die ihren Liebhabern mißtrauten, hängten nachts einen Zweig an den Türpfosten. Hatte sich das Eiskraut am Morgen nach rechts gewendet, dann war der Liebhaber treu, schaute es aber nach links, dann war äußerste Vorsicht angebracht.

*Spülwasser von Milchflaschen*
*ist gut zum Wässern von Zimmerpflanzen;*
*es ersetzt einen milden Flüssigdünger.*

PHLOX, die aus der Neuen Welt stammende „Flammenblume", ist ein Sommerblüher, dessen strahlende Farbenpracht inzwischen verglüht ist. Der starke, süße Duft beschwört Erinnerungen an Großmutters Garten herauf.

In Liebessträußen des 19. Jahrhunderts wurde Phlox nicht nur wegen seines Duftes, sondern als Symbol für süße Träume und als handfester Heiratsantrag verwendet.

# Zeit zum Träumen

Träumte man früher in dieser Jahreszeit von Blumen, dann wußte man, welche Wirkung von den einzelnen Arten ausging.

Akeleien brachten ein angenehmes Abenteuer, Himmelsschlüssel unerwartetes Glück und Krokusse einen neuen Anfang. Osterglocken kündigten Liebe an, Gänseblümchen eine Geburt, die Stechpalme Streit, der Lavendel eine Versöhnung und Glockenblumen die wahre Liebe. Träumte man von Rosen, dann war die Liebe nicht fern, Efeu jedoch warnte vor einem lästig werdenden Liebhaber. Wer Fingerhüte im Schlaf vor sich sah, hatte Glück in der Liebe; Lilien dagegen bereiteten auf ein Leben in Einsamkeit vor. Die Eiche bedeutete Gesundheit, Stiefmütterchen sorgten für Zufriedenheit, und die Mistel brachte eine weise Botschaft mit, nämlich: Vorsicht in der Liebe walten zu lassen.

*Anleitung für einen*

## LIEBESSTRAUSS IM STIL DES 16. JAHRHUNDERTS

Mittelpunkt ist eine frische Rose: Eine rote Rose bedeutet „Liebe", eine Moschusrose „kapriziöse Schönheit". Die Rose einfassen mit Lavendel („Stille"), Ringelblumen („Glück"), Vergißmeinnicht („Treue"), Heliotrop („Ewige Liebe"), Majoran und Maiglöckchen („Keuschheit", „Glück" und „Demut"). Seidenbänder unterschiedlicher Färbung in Rosenwasser tauchen, trocknen lassen und zum Binden des Straußes benutzen. Anschließend den Strauß der verehrten Person überreichen.

Falls man Trockenblumen benutzt: einige Tropfen einer passenden Aromaessenz auf die Blüten geben und in einer Papiertüte mehrere Monate durchziehen lassen. Ergebnis: ein jahrelang haltbarer Liebesstrauß, der als dauerhaftes Zeichen der Zuneigung jeder Angebeteten gefallen wird.

# Kalendertage im Oktober

### 18. Oktober
### St. Lukastag

In manchen Gegenden gaben die Bauern dem Vieh geweihte „Lukaszettel" mit dem Futter zu fressen; denn der Apostel Lukas war ja Arzt gewesen, und man konnte sich auf diese „realistische" Weise vielleicht Gesundheit für das Vieh erwirken. Die vier Tage um das Patronatsfest hießen vielerorts „St. Lukas-Sömmerchen", weil das Wetter dann erfahrungsgemäß heiter war und man Winterroggen säen und Grünkohl pflanzen konnte.

Ist's an Lukas klar und warm,
droht ein Winter, daß Gott erbarm'.

### Erster Sonntag im Oktober
### Erntedankfest

Seit Pippin d. J. feiert man das Erntedankfest in Deutschland. Die Altäre werden mit Garben und Früchtekörben geschmückt, und der Gottesdienst ist dem Dank für die Ernte und der Segnung der Früchte gewidmet. Außerdem finden Prozessionen statt, die mit dem feierlichen Einzug in die Kirche enden.

### 28. Oktober
### St. Simon und St. Judas

Im Mittelalter glaubte man, an diesem Tag entscheide sich das Wetter für die nächsten 40 Tage. Die Wetterregeln drehen sich meist schon um die kommende kalte Jahreszeit.

Simon und Judas, die frommen Herrn,
hocken am warmen Ofen gern.

### 16. Oktober
### St. Gallustag

Dieser Wetterlostag markierte den Übergang vom Herbst zum Winter; in der Schweiz und in Österreich fiel jetzt der erste Schnee, und Nachtfröste zogen die Blumen in Mitleidenschaft.
„October, der zehend Monath,
darinn der frostig Herbst angaht",
dichtete Hans Sachs. Nur die Aster trotzt den Kälteeinbrüchen und ist daher zur Symbolblume des Oktober geworden.

Ist's zu Gallus trocken,
kommt ein Sommer mit nassen Socken.
SCHWEIZ

# Nüsse und Nußbäume

DIE HASELNUSS ist seit undenklichen Zeiten in Kultur, wächst aber auch wild in Hecken. Im 19. Jahrhundert überreichte ein älterer Verwandter der Braut nach deren Trauung einen Sack mit Haselnüssen als Unterpfand der Fruchtbarkeit. In unserem Lande galt die Haselnuß als „urdeutsch". Im Jahre 1869 heißt es dazu in „Die Natur, Zeitung zur Verbreitung naturwissenschaftlicher Kenntnis": „Haselnuß und Erle sind die beiden Bäume, ohne welche kein heimatlicher Frühling, kein vaterländischer Herbst gedacht werden kann."

*Wenn man Nussbeum und Weiber nit*
*schwingt und schlegt,*
*so tragen sie keine Frucht.*
SÜDDEUTSCHES SPRICHWORT

*Die Schwappelschwäble*
*schwätzen eim ein Nusz*
*vom Baum nunter.*
JOHANN FISCHART,
GESCHICHTKLITTERUNG
1575

DIE WALNUSS – die „Welsch-Nuß", da sie von Südeuropa nach Deutschland gelangt ist – galt den Römern als Symbol der Fruchtbarkeit. Um ihrer Göttin des Obstbaus, Pomona, zu opfern, gruben sie Goldmünzen zwischen dem Wurzelwerk des Baums in den Boden. „Ach, warum wird dem Menschen alles so spät gegeben und die besten Walnüsse erst, wenn einem vorn der Hauptzahn fehlt!" klagte Jean Paul seiner Frau gegenüber und belegte damit, wie beliebt und wertvoll zugleich die Walnüsse auch um 1800 waren.

1666 teilt Johann Sigismund Elßholtz in dem ersten deutschsprachigen Lehrbuch des Gartenbaus mit, das von den Bodenverhältnissen und dem Klima der Mark Brandenburg ausgeht, man habe „wahrgenommen / daß es dem Wall-Nuß-Baum zu mehrer Fruchtbarkeit diene / wan er im Herbst bey Sammlung der Nüsse mit Stangen wol geschlagen wird."

*Walnußöl ist köstlich in Salaten*
*und ergibt eine gute Holzpolitur.*

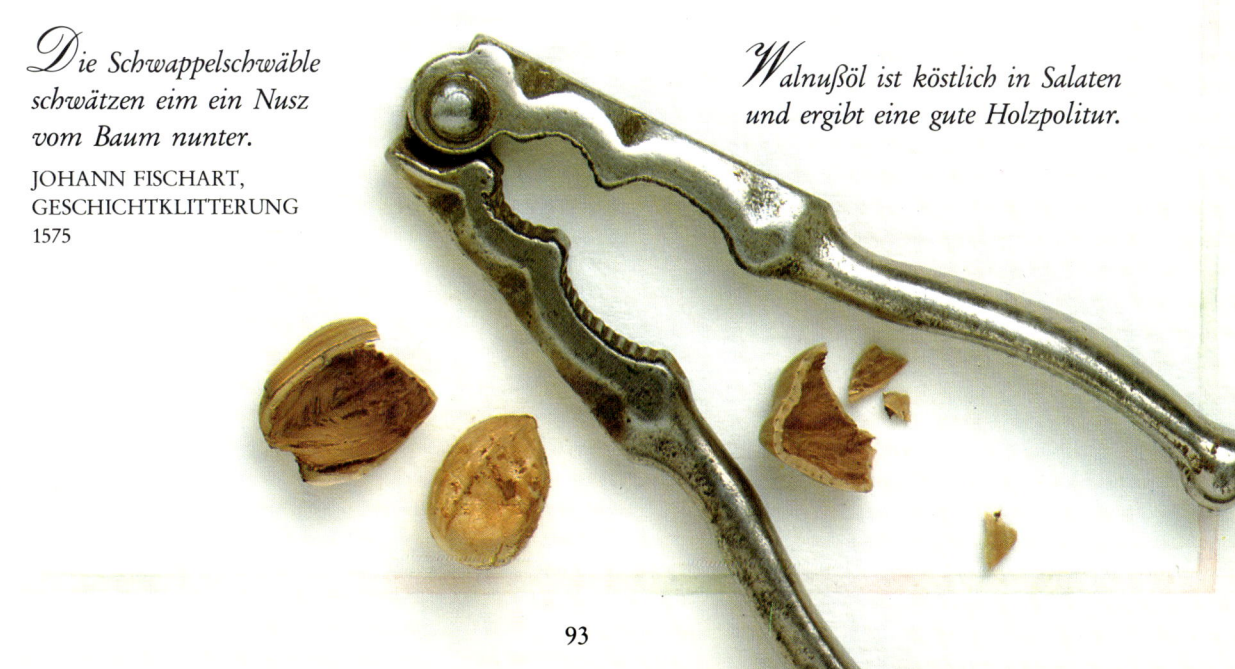

**MÜSESAMEN**
Zuckererbse
*(...sum sativum)*

# *I*m Obstgarten

DIE QUITTE – der „Apfel der Venus" bzw. „Evas Apfel im Paradies" – galt im Altertum als Symbol der Liebe und Fruchtbarkeit. Bei uns wird sie seit dem 9. Jahrhundert angebaut. Das aromatische, aber roh nicht genießbare Fruchtfleisch verarbeitet man zu Marmeladen und Saft. Ein Fünftel der Frucht besteht aus Schleimstoffen, die noch heute in der Medizin für Husten-, Magen- und Darmmittel verwendet werden. „Von Behaltung der Quitten hat man wahr genommen / daß sie in Hirse oder Spreu geleget / lang dauren; hergegen bald faulen in einem Gemach / in welchem Weintrauben aufgehenckt oder verwahret werden", schreibt Elßholtz 1666 in seinem Gartenbaubuch.

DER SCHWARZE MAULBEERBAUM vom Peloponnes hat sich von 600 v. Chr. an über die Mittelmeergebiete ausgebreitet. Der Beerensaft ergab schon in der Antike ein Diätmittel. Auch kriegerischen Zwecken diente er, wie die Bibel berichtet: „Der König ließ die Schlachtordnung machen und drommeten und den Elefanten roten Wein und Maulbeersaft vorhalten, sie anzureizen und zu erzürnen." (1. Makkabäer 6,34)

Mit den Blättern des WEISSEN MAULBEER-BAUMS wurden seit dem 3. Jahrtausend v. Chr. in China die Seidenraupen gefüttert. Im 18. Jahrhundert kam der Baum zusammen mit der Seidenraupenzucht zu uns.

*V*iele Gartenbesitzer pflanzten einstmals eine Quitte und einen Maulbeerbaum – gleichsam wie Mann und Frau – zusammen. Auf diese Weise erhofften sie sich Segen für ihre Familie.

BROMBEEREN verarbeitet man zu Marmelade, Saft und Tee, wenn man die schmackhaften Früchte nicht gleich vom Strauch verzehrt.

Im Garten muß man die Pflanze fachmännisch pflegen: „So man an eim sonnechten, wolgemisten Ort Bronbörstreuch hab, so soll man dieselben bei der Erden abschneiden, so Tag und Nacht im Herbst gleich worden seind", rät schon der Straßburger Arzt Michael Herr im Jahre 1538.

HIMBEEREN haben eine Hertz-stärkende Krafft bey sich: deswegen wird daraus ein Safft, Wein und Essig auf allen Apothecken bereitet.

JOHANN SIGISMUND ELSSHOLTZ,
VOM GARTENBAU
1666

GETROCKNETE HEIDELBEEREN
helfen bei leichtem Durchfall.
Bei heftigen Diarrhöen nimmt
man einen Löffel Heidelbeerbranntwein
in 0,25 l warmem Wasser.
Nach acht bis zehn Stunden
wiederholt man diese Anwendung.

# Graben und Düngen

Jetzt müssen die Blumenbeete und der Gemüsegarten umgegraben und gedüngt werden. Unbestellte Flächen werden nur grob gegraben, damit das Wetter auf die Schollen einwirken kann.

„NESSELN brennen Freund und Feinde", vermerkte der Ritter Götz von Berlichingen in seinem Lebensbericht, aber sie machen auch den Boden fruchtbar, denn sie enthalten Stickstoff, Phosphate, Proteine, Kieselerde und Eisen.

Das folgende Rezept für einen Brennesseldünger stammt aus Berlichingens Jahrhundert: Nesseln kurz vor der Blüte schneiden, in Holzzuber geben, mit Regenwasser auffüllen und einen Monat gären lassen. Masse mit zehnfacher Menge Regenwasser verdünnen und auf die frisch umgegrabene Fläche sprühen.

RUSS ist reich an Stickstoff in Form von Ammoniumsalzen. Der Boden wird durch Rußzusatz dunkler und absorbiert daher mehr Sonnenwärme bei kaltem Wetter. Vor dem Gebrauch läßt man den Ruß etwa sechs Monate auswittern.

*Leb mit dem Vieh als Vieh,*
*und acht es nicht für Raub,*
*den Acker, den du erntest, selbst zu düngen;*
*Das ist das beste Mittel, glaub,*
*Auf achtzig Jahr dich zu verjüngen.*
JOHANN WOLFGANG V. GOETHE
(1749 – 1832)

# Kohl und Rüben

ROSENKOHL ist seit langem eine der beliebtesten Gemüsearten. Bei der Zubereitung in der Küche muß man einige Erfahrungsregeln beachten, wenn er gut schmecken soll: Man verwendet nur frisch gepflückte „Rosen" und schüttet sie in sprudelnd kochendes Salzwasser. Je nach der Größe kocht man sie fünf bis zehn Minuten. Kurz vor dem Weichwerden läßt man sie abtropfen und gibt sie in einen Topf mit zerlassener Butter. Man sautiert etwa fünf Minuten und füllt sie dann in eine heiße Eßschüssel.

Geringe Fröste fördern den Geschmack des Rosenkohls. Daher erntet man ihn erst, wenn es gefroren hat, aber auf jeden Fall, bevor die Rosen zu groß geworden oder vom Frost geschädigt sind.

STECKRÜBEN und GELBE KOHLRÜBEN standen früher regelmäßig auf dem Küchenzettel der ärmeren Leute, und zwar unter sehr verschiedenen Namen: Dorsche, Dotsche, Wruke oder Erdkohlrabi, während man in Sachsen noch heute den echten Kohlrabi als „Kohlrübe" bezeichnet.

Der Genuß der Rüben führt leicht zu Blähungen, „drumm solte man die Steckruben ausz Senff essen", schlägt Melchior Sebiz 1579 in seinen „Sieben Büchern vom Feldbau" vor. Zu seiner Zeit heilte man Husten und Schwindsucht mit gebackenen und gezuckerten Rüben.

*Alle sieben Jahr ein Raupenjahr,*
*alle sieben Jahr ein Käferjahr,*
*alle sieben Jahr ein Läusejahr.*

*Rosenkohl und andere*
*Kohlarten bleiben mehltaufrei,*
*wenn man sie mit*
*Spiritus spritzt.*

Fig. 475.
Knollenartig
verdickter,
oberirdischer
Stglgrund
(Mittelstock)
vom Kohl-

a u. b Borstige
Griffel (Frischt
a Die 2klapp
wand der F
beiden Klap
rechts auf
b Noch nich
c Blüte mi
d Bierblät
d Drei u.
Senf
e Ein?

## Glückssteine

Steine entsprangen nach Ansicht unserer Vorfahren einem Urmutter-Stein tief in der Erde. Steine mit einem Loch in der Mitte brachten dem Finder Glück. Weiße, glasartige Steine – sogenannte „Göttersteine" –, die manchmal beim Graben ans Tageslicht kamen, verhießen dem Gärtner Wohlstand und Reichtum.

## Im Kräutergarten

KÜMMEL ist als bewährtes Küchengewürz seit Jahrhunderten Gegenstand des Aberglaubens. Die Samen hielten zum Beispiel „die Dinge zusammen": Sie verhinderten Diebstahl und die Flucht von Dieben, sorgten dafür, daß Liebespaare nicht getrennt wurden und daß Brieftauben nach Hause zurückfanden. In Norddeutschland verhinderten Kümmelkörner unter der Wiege, daß Hexen das Kind belästigten.

„Wann man ein Hände voll Kümmig unters Mahlgetraid thut, so staubts nicht", schreibt Wolfhardt Spangenberg 1621 in seinem „Anmütiger Weißheit Lustgarten", „die Müller sollens aber nicht gern sehen."

Gekauter Kümmel galt als Atemversüßer, und ein Kümmelaufguß half bei Nierenschmerzen. Ein Eßlöffel Kümmel-, Anis- und Fenchelsamen, fünf Minuten in einer Tasse Milch gekocht, ist noch heute ein gutes Mittel gegen Leibkrämpfe und Blähungen.

KORIANDER – oder Schwindelkorn und, des Geruchs halber, auch Wanzenkraut oder Wanzendille genannt – wird wegen seines bitteren Geschmacks von Juden am Passahfest gegessen. Die Römer brachten das weißblühende Kraut als Gewürz mit nach Deutschland, wo es zunächst zum Haltbarmachen des Fleisches benutzt wurde.

Im Mittelalter galt Koriander als Aphrodisiakum, da der heiße Geschmack „das Blut in Wallung brachte". Ende des 16. Jahrhunderts ist ein Korianderkonfekt in der Schweiz belegt. Er bestand aus mit Zucker überzogenen Samen – genau wie im 19. Jahrhundert, als diese Süßigkeit auch in anderen Teilen Europas Mode wurde. Ein zu reichlicher Genuß des Konfekts ist nicht ungefährlich, da betäubende Bestandteile in den Samen enthalten sind. Heutzutage trifft man meist nur auf Koriander, wenn man indisch essen geht.

# Bäume

Bäume sind unübersehbare „Wahrzeichen" in einem Garten. Sie überdauern gute wie schlechte Jahre und beeinflussen die Lebensbedingungen der Pflanzen in ihrer Nähe. Für den Landbewohner hatte jeder Baum seine besondere Bedeutung.

Am HOLUNDER oder Holderbaum soll sich Judas Ischariot erhängt haben. Daher mußte man den Hut vor dem Baum ziehen, wie Simrock 1846 notiert. Holunderholz brachte Unglück, wenn man es ins Haus nahm oder verbrannte. Schlug man Kinder mit einem Holunderstock, dann blieben sie, dem Aberglauben zufolge, im Wuchs zurück.

DIE ROSSKASTANIE kam im 16. Jahrhundert vom Balkan zu uns. „Die Türken nennens Roß-castanien, darumb daß sie den keuchenden Rossen sehr behulfflich sindt", vermerkt das „New Kreuterbuch" von Matthioli 1573. Von der Heilwirkung abgesehen, bereiten die Früchte den Kindern seit Generationen besondere Freude.

DIE EICHE galt Kelten, Römern und anderen Völkern als heilig. Viele Deutsche fühlten sich seit Ende des 18. Jahrhunderts mit dem Baum wahlverwandt. Ihre Wertschätzung dieses Baums spiegelt sich in vielen Gedichten der romantischen Schriftsteller.

*Die Eiche ist einer der fürnehmsten Bäume in unserem Lande, weil er gutes Bau- und Brennholz und auch die beste Schweine-Mast dargiebet.*

JOHANN SIGISMUND ELSSHOLTZ,
VOM GARTENBAU
1666

*Den Eichen mußt du weichen, die Buchen sollst du suchen.*

# November

*Man sieht die Blätter fallen,*
*aber man sieht auch Knospen keimen.*
*Das Leben gehört den Lebendigen an,*
*und wer lebt, muß auf Wechsel gefaßt sein.*

JOHANN WOLFGANG V. GOETHE
(1749 – 1832)

*Chrysanthemen halten sich*
*in der Vase länger,*
*wenn man die Schnittflächen in*
*sehr heißes und dann*
*sofort in sehr kaltes*
*Wasser taucht.*

# Letzter Blütengruß
## Chrysanthemen

Zur weitverzweigten Pflanzenfamilie der Korb-
blütler gehören nicht nur die schlichten, weißen
Gartenmargeriten, sondern auch die pompösen
Chrysanthemen. Schon Konfuzius erwähnt sie
ca. 500 v. Chr. Erst 1788 beginnt, von Frank-
reich ausgehend, die Kultur dieser Blume in
Europa. Sie gilt als Symbol für Ruhe, Gelassen-
heit, Heiterkeit und Optimismus.

Aus einer persischen Varietät, der Wucherblume, gewinnt man durch Extraktion oder Zer-
mahlen der getrockneten Blüten das Insektizid
Pyrethrum, das für Menschen ungiftig ist.

DER BARTFADEN, Penstemon oder Fünffaden,
ist ein reizender Langblüher aus Mexiko, der
noch im November auf geschützten Rabatten für
scharlachrote, enzianblaue und reinweiße Farbflecken sorgt. Leider ist die Pflanze nicht ganz
winterhart.

# Kartoffelfeuer

Im November räumt der Gartenliebhaber sein sommerliches Betätigungsfeld auf. Abfall, der nicht zum Kompostieren geeignet ist, wird zusammengeharkt und als traditionelles „Kartoffelfeuer" verbrannt. Früher wollte man mit den Novemberfeuern das Herannahen der Wintersonnenwende beschleunigen, und die Druiden opferten sogar Menschen bei dieser Gelegenheit, damit die Götter die Fruchtbarkeit des Bodens aufrechterhielten.

Die Asche verstreute man um die Obstbäume herum und versorgte sie auf diese Weise mit der wertvollen Pottasche, einem Kaliumdünger. Am meisten Pottasche ist in Baumteilen sowie Erbsen- und Bohnenstroh enthalten.

# Brennholz

Buche brennt schön heiß und klar,
lagert man die Scheit' ein Jahr.
Die Kastanie brennt nur gut,
hat sie viele Jahr' geruht.
Birke, Fichte brennt zu schnell,
hält nicht vor und flammt zu hell.
Doch Esche braun und Esche grün
wärmt das Schloß der Königin.

Eichenscheite, gut gedorrt,
treiben Winters Kälte fort.
Pappel brennt mit bittrem Rauch,
beißt im Aug', ist rußig auch.
Rüster stiebt wie Friedhofsstaub,
selbst die hellste Flamm ist taub.
Apfel duftet durch das Haus,
Birne strömt Aroma aus:
Doch Esche trocken oder naß
wärmt des Königs Hausgelaß.

UNBEKANNTER VERFASSER

# Kalendertage im November

### 1. November
### Allerheiligen

An diesem Tage des Gedenkens an alle Heiligen im Paradies gingen junge Leute von Haus zu Haus und sammelten als Dank für ihre Gebete Geschenke, meist in Form von Äpfeln und Birnen ein, die es im November ja reichlich gab.

### 2. November
### Allerseelen

Dieser Tag dient dem Gebet für die Läuterung der armen Seelen im Fegefeuer. Während des 18. Jahrhunderts wurden in der Bretagne und in Cornwall Stechginsterfeuer entzündet, um den Seelen Licht auf dem Weg zum Paradies zu spenden. In Bayern zogen „Arme-Seelen-Geher" durch die Dörfer und sammelten ovale „Seelenbrote" ein, da die Form der Seele als oval angenommen wurde. Man verbrannte Brotkrümel im Herdfeuer, schmückte Grabkreuze mit „Seelenbrezeln" und stellte „Seelennäpfe" vor die Haustür oder auf die Gräber.

### 11. November
### St. Martinstag

Zu Ehren St. Martins, des Bischofs von Tours, der am 11. 11. 397 begraben wurde, finden im Vintschgau und im Kanton Zürich Lichterprozessionen statt, wobei man in ausgehöhlte Kürbisse oder Rüben Kerzen stellt.

Ist St. Martin Sonnenschein,
wird's ein kalter Winter sein.

### 25. November
### St. Katharinentag
Die hl. Kathrein
läutet den Winter ein.

*Hol 'n Schlüssel aus der Tasch,*
*Geh in Keller rasch,*
*Bring ein, zwei Flasch,*
*Bring, was du willst, herbei.*
*Seele, Seele, für 'n Apfel oder zwei,*
*Hast kein Apfel, gib Birnen drei.*

ARME-SEELEN-LIED

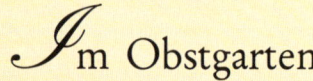

# Im Obstgarten

Schöne Novembertage sind Grabetage, besonders im Küchengarten, wo man den Boden für die Frühlingsaussaat vorbereitet. Früher steckten Gärtner, um Rückenschmerzen vorzubeugen, ein Schneckenhaus in die Hosentasche.

DIE BIRNE gelangte von Persien und Armenien, wo sie zuerst kultiviert wurde, über Griechenland nach Rom und von dort mit den Legionären nach Deutschland. Birnenzweige galten als Mittel gegen Hexen und Zauberer.

DER MISPELSTRAUCH, in Griechenland beheimatet und über Italien und Südfrankreich zu uns gelangt und heute meist nur wild vorkommend, war bis ins 18. Jahrhundert ein beliebter Obstlieferant. „Die Früchte sind in der Grösse wie Galläpfel, haben inwendig fünf harte Steine, oben fünf Püschlein: werden im späten Herbst und zwar nicht eher gebrochen, bis sie vom Frost einmahl zu mehrer Ermürbung übergangen: jedoch kan man sie auch alsdan noch nicht geniessen, sondern müssen auf dem Stroh so lange liegen, bis sie reif und teigig werden", schreibt Elßholtz 1666 in seinem Lehrbuch vom „Gartenbau".

In Butter geröstet und mit Nelken gewürzt, ergeben sie ein Gelee, das gegen Durchfall hilft.

*Wenn die Schlehen und Holtzäpffel*
*nicht gerahten,*
*so haben die Hessen weder zu sieden*
*noch zu braten.*
KARL FRIEDRICH WANDER,
DEUTSCHES SPRICHWÖRTERLEXIKON
1867

*Zwei Birnbäume sind besser als einer,*
*denn die meisten Sorten*
*benötigen einen Partner als*
*Pollenlieferanten.*

# Nahrhaftes und Leckeres

DIE KARTOFFEL wurde 1526 von Pizarro als „wohlschmeckende, mehlige Tartüffel" am spanischen Hof bekannt gemacht, nachdem er sie als Hauptnahrungsmittel der Indianer in den Hochanden kennengelernt hatte. Bereits 1550 taucht sie in Italien und Burgund auf, erscheint als Kuriosität in botanischen Gärten, und 1585 beschreibt Tabernaemontanus sie als erster in deutscher Sprache. Sie wird zwar schon im Dreißigjährigen Krieg hier angebaut, findet weite Verbreitung aber erst nach ihrer zwangsweisen Einführung durch Friedrich II. von Preußen in Pommern und Schlesien.

Kaum ein anderes Gemüse hat im Volksmund so viele Namen erhalten wie die zunächst als hochwirksames Aphrodisiakum gepriesene, dann als giftig verschrieene und schließlich über alles geliebte, sogar gegen Rheumatismus angewendete Kartoffel. Noch heute heißt sie im Erzgebirge, in Thüringen und Bayern „Erdapfel", im Plattdeutschen „Erdappeln" und in Niederösterreich „Grundbirne".

DER PORREE gehört zur Lilienfamilie. Die ausdauernde Staude übersteht auch strenge Fröste. Im 16. Jahrhundert diente sie als Mittel gegen Trunkenheit, und das gedämpfte Gemüse benutzte man zu Breiumschlägen gegen Schlangenbiß und Hämorrhoiden.

Richtig zubereiteter Porree ist eine Delikatesse. Statt ihn zu kochen oder zu dünsten kann man frischen Porree auch sautieren, in Stücke schneiden und mit nicht zu wenig gewürfeltem, durchwachsenem Speck servieren.

*Porree als Nachbar von Karotten vertreibt die Möhrenfliege.*

# DEZEMBER

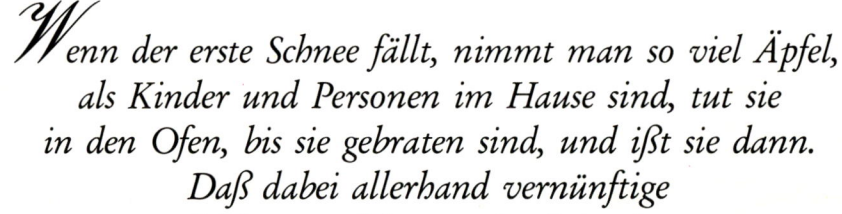

*Wenn der erste Schnee fällt, nimmt man so viel Äpfel,
als Kinder und Personen im Hause sind, tut sie
in den Ofen, bis sie gebraten sind, und ißt sie dann.
Daß dabei allerhand vernünftige
Diskurse geführt, auch oft in den
Ofen hineingeguckt werden
muß, versteht sich von selbst.*

MATTHIAS CLAUDIUS,
WANDSBECKER BOTE
1773

*Mit der Festzeit Laub
Ist das Haus bekränzt;
Die Tanne duftet,
Die Stechpalm' glänzt.*

FERDINAND FREILIGRATH
1870

*Epheu krönt Poeten.*

JOHANN CHRISTIAN GÜNTHER
(1695 – 1723)

# Trotz Frost und Schnee
## Efeu und Stechpalme

DIE STECHPALME ist ein in Westeuropa beheimateter Strauch oder Baum. Die Zahl der roten Beeren galt als Indikator für den kommenden Winter: Wenige Beeren bedeuteten einen milden Winter, da den Vögeln auch andere Nahrungsquellen zur Verfügung standen; viele Beeren wurden als zusätzlicher Vorrat für die Vögel in dem zu erwartenden strengen Winter gedeutet.

DEN EFEU nannte der antike Mythos *Cissos*, nach einer jungen Tänzerin, die während eines Bacchanals vor Erschöpfung zu Füßen des Dionysos gestorben sein soll. Schmerzbewegt verwandelte er ihren Körper in Efeu, der alles umschlingt, was er berührt. Wegen dieser Fähigkeit, sich anzuklammern, gilt Efeu als das „weibliche" Gegenstück zur „männlichen" Stechpalme und – selbstredend – als Symbol der Unberechenbarkeit.

*Efeu und ein zärtlich Gemüt*
*Heftet sich an und grünt und blüht.*
*Kann es weder Stamm noch Mauer finden,*
*Es muß verdorren, es muß verschwinden.*

JOHANN WOLFGANG V. GOETHE
(1749–1832)

*Efeu vermag Trunkenheit*
*zu verhindern,*
*heißt es.*

DIE MISTEL ist ein uraltes Symbol der Fruchtbarkeit. Der Legende nach schnitten die Druiden in der „Sechsten Nacht des Mondes" die Misteln mit goldenen Sicheln von ihren heiligen Eichen, da die Schmarotzerpflanze das „Leben der Eiche" in sich aufgenommen hatte. In der griechischen Mythologie pflückte Äneas von der Eiche am Tor zur Unterwelt einen goldenen Mistelzweig ab, um sicher durch den Hades geführt zu werden.

DIE CHRISTROSE oder SCHWARZE NIESWURZ hat der Sage nach Herakles und eine Prinzessin von Argos von einem Wahnsinnsanfall kuriert. Ihr Gift diente noch im 16. und 17. Jahrhundert zur Heilung von Geisteskrankheiten. Für Paracelsus war die Schwarze Nieswurz „ein besonderes Geheimniß der Natur, das nicht gelöset werden kann. Sie vertreibt die fallende Sucht, das Podagra, den Schlag und die Wassersucht."

Im Garten sind die glänzenden Blätter und die reinweißen Blüten ein Augentrost mitten im Winter.

*Welches Mensch Eichen-Mistel an der rechten Hand an einem Fingerlin hett, also daß die Mistel rüret an die Hand bloß, den kömmt der Siechtag nymer mer an.*

AUS EINEM KRÄUTERBUCH DES 17. JHDTS.

*Ein Mann aus Straßburg pulvert die Christwurtz on allen Zusatz und leget von dem Pulver einer Haselnuß groß auff die Handt, und lecket davon. Also blieb dieser in Gesundheit und wurde 130 Jahr.*

HIERONYMUS BRUNSWYG, DESTILLIERBUCH 1551

# Geschenkideen

*Ein paar Tropfen Branntwein
erwecken ein Potpourri,
das seinen Duft eingebüßt hat,
zu neuem Leben.*

*Rezept für ein*

## WEIHNACHTS-POTPOURRI

Zutaten:
50 g getrocknete Orangenschale,
50 g getrocknete Zitronenschale,
15 g ganze Körner Nelkenpfeffer,
25 g Zimtstangen,
25 g Sternanis,
25 g getrocknete Kiefernnadeln,
15 g ganze Gewürznelken,
50 g getrocknete Vogelbeeren,
25 g kleine Lärchenzapfen,
15 g getrocknete Minzeblätter,
15 g getrocknete Salbeiblätter,
25 g getrocknete, pulverisierte Schwertlilienwurzeln,
25 g Sandelholzspäne

In einer großen Schale alle Bestandteile
mischen und während der Weihnachtszeit
zur Begrüßung der Gäste im Wohnzimmer oder
neben der Haustür aufstellen.

*Anleitung für eine*

## DUFTKUGEL

In eine dünnschalige Apfelsine Gewürznelken
pressen, und zwar entweder in Mustern oder
dicht an dicht mit jeweils einem kleinen
Abstand zwischen den einzelnen Nelken.
Die fertig „gespickte" Apfelsine in einer
Mischung von
Schwertlilienpulver,
Zimt und Nelkenpfeffer wälzen.
An einem Bändchen aufhängen.
Der Duft hält ein Jahr und
länger vor.

# Kalendertage im Dezember

### 4. Dezember
### St. Barbaratag

Nach alter Sitte stellt man an diesem Tag Kirsch-, Apfel-, Birnen- und Forsythienzweige ins Wasser und läßt die Knospen langsam aufbrechen. Haben sie sich bereits zu Weihnachten geöffnet, dann kommt ein gutes Jahr.

### 26. Dezember – 6. Januar
### Die zwölf Rauhnächte

Dies waren einstmals sehr wichtige Lostage: Wie das Wetter jeweils an einem dieser Tage war – zum Beispiel am vierten –, so würde es während des entsprechenden Monats sein – also im April.

*Wer im Sommer nicht sammlet ein,*
*muß im Winter ein Bettler seyn.*
EUCHARIST EYERING,
SCHÖNE UND LIEBLICHE SPRICHWÖRTER
1601

### 21. Dezember
### St. Thomastag

Der kürzeste Tag und die längste Nacht des Jahres wurden – so heißt es – dem hl. Thomas gewidmet, weil er am längsten von allen Jüngern an Christi Wiederkunft gezweifelt hat. In der Thomasnacht zieht in der Vorstellung der Abergläubischen die „Wilde Jagd" johlend über das Land.

Kluge Gärtner prüften an diesem Tag die Dicke der Zwiebelschalen, um sich Gewißheit über das Wetter in den kommenden Wintermonaten zu verschaffen.

*Zwiebelschale dünn und fein:*
*Soll der Winter milde sein.*
*Zwiebelschale dick und zäh:*
*Harter Winter – herrjemine!*

# Der Weihnachtsbaum

Die Sitte, zu dieser Jahreszeit etwas Grünes in das Haus zu holen, ist uralt. In Ägypten schnitt man Palmenzweige zur Feier der Wintersonnenwende, und die Römer verwendeten Zweige von immergrünen Gewächsen während der Opferriten anläßlich der Saturnalien, um die Götter zu bitten, die Wintersaat zu schützen.

Kurz nach 1600 begannen Elsässer damit, eine Fichte ins Haus zu holen und als Weihnachtsbaum zu schmücken. In dem ersten Bericht darüber aus dem Jahr 1605 heißt es: „Auff Weihnachten richtet man Dannenbäume zu Straßburg in den Stuben auff; daran hencket man Rosen, aus vielfarbigem Papier geschnitten, Äpfel, Oblaten, Zischgolt, Zucker etc."

Der neue Brauch breitete sich nur langsam aus, denn Kritiker, wie Samuel Schelwig in seinem „Leitstern des Gewissens" von 1692 brandmarkten den Weihnachtsbaum als eine der „Lappalien, mit denen man die alte Weihnachtszeit statt mit Gottes Wort und heiligen Übungen zubringet, den man mit Puppen und Zucker behenget und ihn hernach schüdteln und abblühmen lässet."

Die ersten Kerzen wurden um 1600 in Hannover verwendet; im 18. Jahrhundert kam die Stechpalme als Konkurrent der Fichte hinzu; ab 1800 bevorzugten die großbürgerlichen Familien in den Städten, wie Berlin, die Fichte, während sich in Ostdeutschland noch lange die Lichterpyramide hielt. Erst im 19. Jahrhundert setzte sich die Fichte durch, und zwar in Norddeutschland als „Weihnachtsbaum", im übrigen Deutschland als „Christbaum" oder „Tannenbaum".

*Wer am heiligen Christabend*
*auf die Wintersaat geht,*
*hört, was das ganze Jahr*
*im Dorfe geschieht.*
NORDDEUTSCHES SPRICHWORT

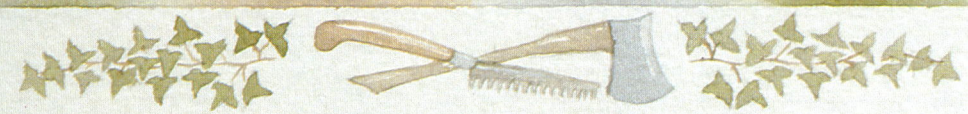

# JANUAR

*So, du lieber Winter, sei milde!*
*Ach, sonst frieren*
*Viele arme Menschen tot.*
*Sie haben so schon gnug der Not! –*
*Winter, laß dich rühren*
*Und blicke sanft und freundlich durch die Gefilde!*
*Lieber Winter, sei milde!*

MATTHIAS CLAUDIUS, WANDSBECKER BOTE
1773

*Itzt muß man anfangen, seinen*
*Wintergarten, der bei guter*
*Zeit eingesammlet seyn soll,*
*aufzuthun und die in Sand*
*gesetzten Gewächse ausheben.*

„ALLG. HAUSHALTUNGSLEXICON"
ÜBER DIE MIETEN,
1749

*Darum trage ein im Sommer,*
*daß du nicht leidest Kummer*
*in deines Alters Winter!*

HANS SACHS
(1494 – 1576)

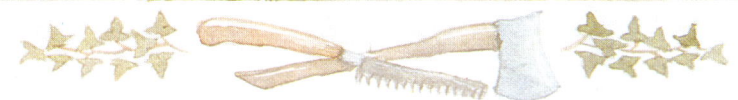

# Allererste Frühlingskünder
## Schneeglöckchen

DAS SCHNEEGLÖCKCHEN, auch Schnee-tröpfchen und Märzglöckchen, ist in den Hochgebirgslagen Eurasiens beheimatet. Es wurde im Mittelalter als „Marienblume" verehrt, als Sinnbild von Keuschheit und Reinheit. Gleichzeitig betrachtete man es als Symbol des Todes, denn man deutete die äußeren Blütenblätter als Leichenhemd und meinte, das Schneeglöckchen müsse mehr mit den Toten als den Lebenden zu tun haben, da es so nahe an der nackten Erdoberfläche blühe.

DER DUFTSCHNEEBALL ist eine der ganz wenigen immergrünen Pflanzen, die jetzt bei frostfreiem Wetter und in geschützter Lage blühen. Der Strauch stammt aus Nordchina.

# Kalendertage im Januar

### 1. Januar
### Neujahrstag

Neujahrsnacht still und klar
deutet auf ein gutes Jahr.

HUNDERTJÄHRIGER KALENDER

### 6. Januar
### Dreikönigstag

Die Sternsinger ziehen durch die Straßen und beenden mit ihren Liedern die Rauhnächte. Mit geweihter Kreide schrieben und schreiben in manchen Gegenden noch heute die Bauern die

Initialen der Heiligen Drei Könige, Caspar, Melchior und Balthasar, sowie die Jahreszahl an die Türen, um die bösen Geister ein Jahr lang zu verbannen.

Für Gärtner und Landwirte bedeutete der 6. 1. einen wichtigen Wetterlostag:

Hl. Dreikönig sonnig und still,
der Winter bis Ostern andauern will.

### 20. Januar
### St. Fabian- und Sebastiantag

An diesem Tag stellte man früher das Holzfällen ein, denn:

An Fabian und Sebastian
fangn die Bäum' zu saften an.

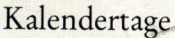

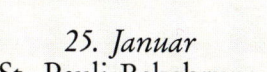

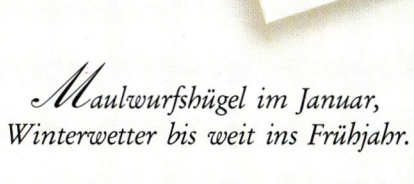

### 25. Januar
### St. Pauli Bekehrung

Der Tag der Bekehrung des Saulus zum heiligen
Paulus galt als Mitte des Winters.

Pauli mögst bekehren dich,
halb Winter sollst nun scheren dich.

Im 16. und 17. Jahrhundert betete man in manchen Gegenden um einen sonnigen Tag, denn ein
trüber 25. Januar galt als böses Omen: Krieg und
Landplagen standen vor der Tür.

# Vogelfutter im Winter

Je abwechslungsreicher der „gedeckte Tisch" für
die gefiederten Freunde ist, desto mehr Arten erscheinen zur Mahlzeit. Stare, Meisen und Spechte
mögen Fleischstücke und Fett, wie Speckschwar-
ten. Körnermischungen ziehen die Finken an,
während Äpfel bei Amseln und Drosseln beliebt
sind. Rotkehlchen finden Mehlwürmer lecker,
die es in Anglergeschäften gibt, und mit einiger
Geduld kann man die zutraulichen Vögel dazu
bringen, aus der Hand zu fressen.

*Man läßt sich den Winter auch gefallen.*
*Man glaubt, sich freier auszubreiten, wenn die*
*Bäume so geisterhaft, so durchsichtig vor uns stehen.*
*Sie sind nichts, und sie decken auch nichts zu.*

JOHANN WOLFGANG V. GOETHE
(1749 – 1832)

*Maulwurfshügel im Januar,*
*Winterwetter bis weit ins Frühjahr.*

*In egenbackt Brood,*
*dar sitt de Herrgott drin.*

(NORDDEUTSCH)

## *B*äume als Sinnbilder

In diesem Monat entfernt man alle lästig gewordenen, kranken und überalterten Bäume. Bevor man jedoch eines dieser Lebewesen fällt, sollte man es um sein Einverständnis bitten. Auf diese Weise kann man den Geist des Baumes besänftigen, der andernfalls unheilvolle Entwicklungen im Leben des Gartenbesitzers bewirken kann.

DIE WEIDE ist Sinnbild des Leides und des Liebeskummers. Enttäuschte Liebhaber trugen grüne Weidenruten, um den anderen ihr Herzeleid mitzuteilen. Weidenkätzchen im Vor-Vor-Frühling sind ein Augentrost. Man darf sie aber nicht mit ins Haus nehmen, denn das könnte Unglück bringen.

DIE ESCHE schützt, wie manch andere Bäume auch, vor Unglück. Fand man ein Eschenblatt mit der gleichen Anzahl von Einkerbungen an beiden Seiten, dann galt man als vom Schicksal Bevorzugter. Man pflückte es und sang dabei mehrmals:

> Gleichgezähntes Blatt, ich pflücke dich,
> hoff', du bringst nun Glück für mich.
> Bringst' kein Glück mir auf der Stell',
> Scher zum Baum zurück dich schnell.

*Gleich als ein APFEL auff dem Baum*
*wächset, der ist nicht der Baum selber,*
*sondern wächset auß Krafft deß Baums:*
*also sind alle Dinge auß GÖTTLICHER*
*Begierde entsprungen und in ein Wesen*
*geschaffen worden, da am Anfange kein Wesen*
*darzu vorhanden war,*
*sondern nur dasselbe Mysterium*
*der ewigen Gebärung.*

JACOB BÖHME, DE SIGNATURA RERUM
1621

*Große Bäume geben mehr*
*Schatten als Früchte.*

SPRICHWORT

ESPE und PAPPEL bezeichnet man als „Zitterbäume", denn die Blätter bewegen sich beim geringsten Luftzug. Kein Wunder, daß in der Volksmedizin Essenzen aus grünen Baumteilen dieser Arten als probates Heilmittel bei Fieber und Schüttelfrost galten.

*Auf tiefem Wasser, wo selbst*
*Steine versinken, kann man*
*zur Bezeichnung der Gränze einen*
*Weidenbaum hinpflanzen.*

JUSTUS LEOPOLD,
HANDWÖRTERBUCH DER OEKONOMIE,
1801

*Und Gott der Herr*
*ließ aufwachsen aus der Erde*
*allerlei Bäume,*
*lustig anzusehen*
*und gut zu essen,*
*und den Baum des Lebens*
*mitten im Garten*
*und*
*den Baum der Erkenntnis*
*des*
*Guten und Bösen*

1. MOSES, 2

# FEBRUAR

*Nicht ewig ist des Winters schöner Schimmer,*
*nicht ewig seine Unbequemlichkeit.*
*Es währt doch auch der scharfe Frost nicht immer:*
*Es jagt ihn samt dem kalten Nord*
*zu rechter Zeit der frohe Frühling fort!*

BARTHOLD HINRICH BROCKES,
IRDISCHES VERGNÜGEN IN GOTT
1767

*Ist's an Lichtmeß kalt,*
*kommt der Frühling bald.*
*Lichtmeß schön und trocken:*
*muß der Winter lange hocken.*

HESSEN

*De Winter is noch bannig stolt,*
*Bliev in de Hus, 't is buten kolt!*

(FRIESISCH)

# Blüten im Schnee
## Die Primel

Als einer der ersten Frühlingsboten in einem noch weitgehend kahlen Garten ist die Primel eine besondere Augenweide. Seit Jahrhunderten wurde sie daher wohl als eine mit magischen Kräften ausgestattete Blume verehrt: So führte die Ähnlichkeit des Blütenstands mit einem Schlüsselbund zu frommen Benennungen, wie „St. Peters Schlüssel" oder „Unserer Frauen Schlüssel". „Die Himmelsschlüsseln bilden ab ein gläubig Gebet, das den Himmel aufschließt", schreibt der deutsche Naturforscher Konrad von Megenberg 1349, während der Volksglaube Feen in den Blütenkelchen zu erkennen glaubte, die dort Schutz vor Regenschauern suchten.

Botaniker empfahlen Primelblättersalat bei Arthritis und Geschwüren, und in der Küche lassen sich Primeln – noch heute – zur Herstellung eines würzigen Landweins verwenden.

### PFARRER KÜNZLES SCHLÜSSELI-LIKÖR

Schlüsselblumen in ausreichend große
Flasche geben; mit 1/4 Kornbranntwein
und 3/4 Wasser bedecken.
Etwas Pfefferminze hinzugeben,
Flasche verschließen und
acht Tage in die Sonne stellen;
durch feines Sieb gießen;
auf 1 l Flüssigkeit
500 g Zucker geben.
Unverdünnt als Likör
oder 1:10 verdünnt
als Tee gegen Rheuma trinken.

# $\mathcal{K}$alendertage im Februar

### 2. Februar
### Mariä Lichtmeß

Bis vor gar nicht langer Zeit endete in der Land-
wirtschaft an diesem Tag das Arbeitsjahr. Gesin-
de wurde entlassen oder neu eingestellt, und der
Bauer zahlte den Jahreslohn aus.

Einer Überlieferung zufolge verläßt der Igel an
Mariä Lichtmeß sein Winterquartier und prüft
die Wetterverhältnisse.

### 14. Februar
### St. Valentinstag

Die mit diesem Tag verbundene Verherrlichung
der Liebe hat wahrscheinlich nichts mit dem hl.
Valentin zu tun, der als Patron der Fallsüchtigen
gilt. Eher läßt sie sich mit dem römischen Fest
der Luperkalien – der Verherrlichung der Fruchtbarkeit in der Februarmitte – in Verbindung
bringen.

Im Volksglauben feiern die Vögel an St. Valentin Hochzeit: Wahrscheinlich geht die Sitte des
Versendens von Liebesgeschenken in Form von
Blumen, Schmuck und Süßigkeiten im Namen
von St. Valentin auf diese Vorstellung zurück.

### 25. Februar
### St. Matthiastag

An diesem Tag – so glaubte man – erwachen die
Bäume aus dem Winterschlaf. Der Frühling ist
nicht mehr fern.

St. Matthias läßt den Saft
in den Bäumen steigen.

DAS FELDSTIEFMÜTTERCHEN ist als Sinnbild für Liebe und Zuneigung eine wichtige Va-
lentinsblume.

Im Volksglauben hat es mit dem Namen „Stiefmütterchen" für lat. *Viola tricolor* folgende Be-
wandtnis: „Jedes der gelben Blätter hat unter sich
ein schmales, grünes Blättchen, wovon es gehalten
wird – das sind die Stühle, welche die Mutter ihren rechten lustigen Kindern gegeben; oben müssen die zwei Stiefkinder, in Dunkelviolett trau-
ernd, stehen und haben keine Stühle." So faßt Wilhelm Grimm die Überlieferung 1812 zusammen.

Ein Aufguß von Stiefmütterchenblättern heilt
gebrochene Herzen und hilft gegen den Milch-
grind – so glaubte man.

Das Stiefmütterchen heißt
Steefmömekens in Mecklenburg,
Stiefkindlar im Zillertal,
Grottmoderbloom in Holstein,
Olle Wiewer am Niederrhein,
Schwiegerli – Schwägerli
in der Schweiz.

DAS VERGISSMEINNICHT oder Mäuseöhrlein ist ein Symbol der Freundschaft und der Treue und steht daher ebenfalls in enger Beziehung zum Valentinstag. Der Sage nach mußte ein Engel, der wegen seiner Heirat mit einer Sterblichen aus dem Himmel verbannt war, überall auf der Erde Vergißmeinnicht pflanzen, bevor er in das Paradies heimkehren durfte.

*Blau blüht ein Blümelein,*
*das heißt Vergißnichtmein.*
*Das Blümlein leg ans Herz*
*und denke mein.*
VOLKSLIED

*Anleitung für ein Bild*

## AUS GEPRESSTEN BLUMEN

Man pflückt voll erblühte Blumen von leuchtender, klarer Farbe – wie Mohn, Veilchen und Osterblumen –, denn man muß ein gewisses Verblassen einkalkulieren.

Vor dem Pressen werden alle Blumen mit vielen Blütenblättern auseinandergenommen; die Osterglocken halbiert man, während Blüten mit einfachem Aufbau, wie Veilchen und Feldstiefmütterchen, ganz bleiben können.

Von allen Blüten löst man die Stiele, denn diese sind meist nicht in der gewünschten Richtung gebogen oder erweisen sich als zu sperrig beim Pressen. Es ist ratsamer, einige Blumen nur wegen der Stiele und Blätter zu pflücken und diese Pflanzenteile dann zu benutzen.

Die Blütenblätter und Stiele werden zwischen zwei Blatt Löschpapier gelegt und mindestens drei Monate in einem schweren Buch gepreßt. Dann arrangiert man die Pflanzenteile auf Kartonpapier zu dem „Bild", das man sich vorgestellt hat. Zum Befestigen benutzt man transparente Klebemasse, die man auf den Karton, keinesfalls auf die Blüten appliziert.

# Kräuter als Sinnbilder

DEM LORBEERBAUM wurden heilende und beschützende Kräfte zugeschrieben. In der Antike war er das Symbol des Sieges und der Ehre, während er im Christentum als Sinnbild der Auferstehung galt, weil er sich aus eigener Kraft regenerieren kann, selbst wenn man ihn schon für tot gehalten hat.

*Wenn das Wetter blitzet*
*und auf den dicken Wald viel Donnerkeile*
*spritzet,*
*die steinern' Eiche spällt, der Fichten*
*Kraft zerbricht,*
*bloß an den Lorbeerbaum wagt sich*
*kein Donner nicht.*

PAUL FLEMING
1638

*Ein Kräutermahl, in Eintracht genossen,*
*ist wohlgefälliger denn*
*ein Ochse am Spieß,*
*und Haß schürt das Feuer.*

JÜDISCHES SPRICHWORT

*Der König ist tot.*
*Auch wir bleiben nicht.*
*Kein Lorbeerbusch im Land,*
*der nicht verdorrt ist.*

WILLIAM SHAKESPEARE
(1564 – 1616)

DIE ZITRONENMELISSE als Sinnbild der Heimkehr zieht Bienen unwiderstehlich an und wird daher von Imkern benutzt, um verirrte Völker in ihre angestammten Bienenstöcke zurückzulocken. In der Vergangenheit nahm man Melissentee gegen Melancholie ein. Heute würzt man kühle Longdrinks mit deren Blättern.

DIE SALBEI galt als Sinnbild der Unsterblichkeit. In der Küche dient sie zum Würzen von Schweinebraten und grünem Aal, in der Volksheilkunde zum Gurgeln, als Mittel gegen Nieren- und Leberleiden sowie gegen Nachtschweiß. Für die Österreicher ist die Salbei partout männlich: *der* Salbei!

### *G*uter Rat für das kommende Gartenjahr

*Härte deine Hände ab bei der Gartenarbeit!*
*Scheu dich nicht, den Ackerboden zu berühren!*
*Zier dich nicht, den Mist körbeweise*
*auf der hungrigen Erde zu verzetteln!*
*Dann brauchst du um die Ernte nicht zu bangen.*
*Dein Garten wird dich nicht im Stich lassen.*
*Dies weiß ich nicht von anderen,*
*auch kluge Bücher haben es mich nicht gelehrt:*
*Ich weiß es aus Erfahrung,*
*aus meiner Hände Arbeit.*

WALAHFRID STRABO, ABT DER REICHENAU
(† 849)

*T*reibt der Salbei üppig aus,
*herrscht der Mann*
*nicht mehr im Haus.*
ÖSTERREICH

DIE MINZE galt im 17. Jahrhundert als Universalmittel gegen viele Erkrankungen, von der Kolik bis zur Syphilis. Außerdem streute man Minze auf die Fußböden, um den oft schlechten Geruch zu verbessern. Kurz vor der Blüte duften die Blätter am aromatischsten.

# AUTORENREGISTER

# SACHREGISTER

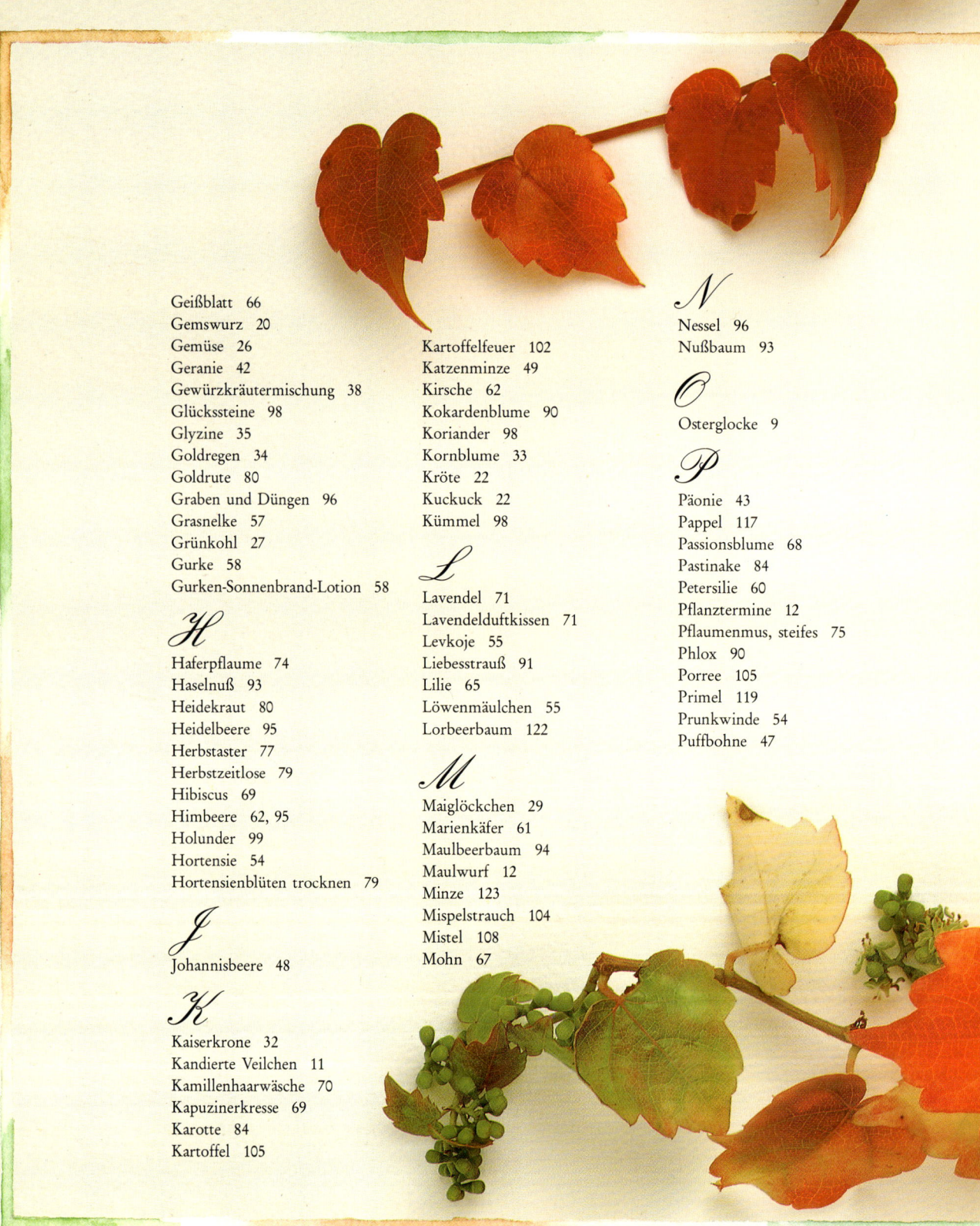

# KALENDERTAGE · WETTER~LOSTAGE